成吉思汗传

冯承钧　著

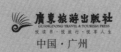

广东旅游出版社
GUANGDONG TRAVEL & TOURISM PRESS
悦读书·悦旅行·悦享人生

中国·广州

图书在版编目（CIP）数据

成吉思汗传 / 冯承钧著. -- 广州 ： 广东旅游出版
社, 2024. 11. -- ISBN 978-7-5570-3393-4

Ⅰ. K827=47

中国国家版本馆CIP数据核字第2024T3D949号

出　版　人：刘志松
责任编辑：张晶晶　麦少泳
责任校对：李瑞苑
责任技编：冼志良

成吉思汗传
CHENGJISIHAN ZHUAN

广东旅游出版社出版发行

（广州市荔湾区沙面北街71号首层、二层　邮编：510130）

电话：020-87347732（总编室）

020-87348887（销售热线）

投稿邮箱：2026542779@qq.com

印刷：天宇万达印刷有限公司

（河北省衡水市故城县金宝大道侧中兴路）

670毫米×950毫米　16开　14.5印张　191千字

2024年11月第1版　2024年11月第1次印刷

定价：56.00元

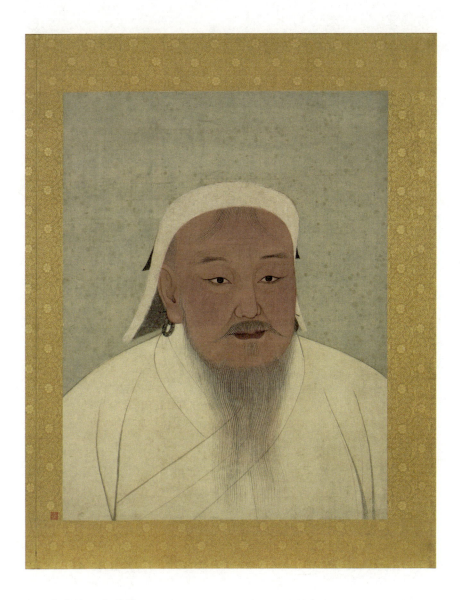

成吉思汗半身像

窝阔台半身像。窝阔台又作斡歌歹，是成吉思汗第三子，于成吉思汗
死后嗣位

《史集》书影。成书于14世纪，原著为波斯文，由伊儿汗国宰相拉施特丁（即正文中的剌失德丁）奉旨主编而成。该书是一部世界史著作，其中对蒙古史的记载具有重要史料价值

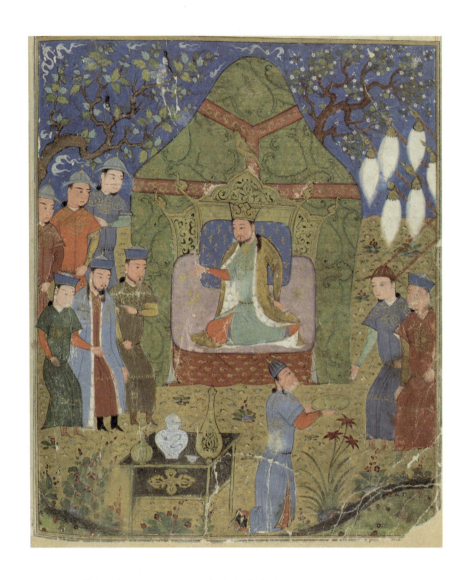

出自《史集》所配细密画。中坐者为成吉思汗

　　成吉思汗圣旨银牌。中国国家博物馆藏。银牌一面刻汉字"天赐成吉思皇帝圣旨疾"，另一面为蒙文，上錾虎头饰

成吉思汗（Chingiz Khan）
金币

　　成吉思汗金币。上海博物馆藏。正面为阿拉伯文，背面为蒙古文。钱背外圈记载"金币于618年（伊历1222年）制于伽兹那"，中间有"汗中之汗、最伟大、最公正成吉思汗"字样。反映了成吉思汗西征的历史

编辑说明

《成吉思汗传》是著名历史学家、翻译家冯承钧的著作。

冯承钧（1887—1946），字子衡，湖北夏口（今武汉汉口）人。先生幼年出国，先后赴比利时、法国留学，1911年毕业于巴黎大学法学院。他归国期间正逢辛亥革命，民国建立后，任湖北都督秘书。1913年，先生开始担任众议院秘书，后转为教育部佥事，在这期间，他还先后兼任北京大学讲师（1920—1926）、北京师范大学教授（1928—1929）。1929年，先生任立法编纂委员。1932年至1939年，先生被聘为中华教育文化基金委员会编辑。抗战胜利后，各大学从西南北迁，先生被聘为临时大学第二分班史学系教授，专教中亚交通、西北史地、蒙元史等课程，直至1946年病逝。

冯承钧先生以中外交通史、蒙元史为学术专长，在中国南洋交通史、中外文化交流史和蒙元史等学科领域做出了很多开拓性、奠基性的贡献。冯先生精通法、英、德、意、比，以及拉丁、梵、蒙、藏诸种文字，他以毕生精力从事著述和翻译，著译达百余种，对中西交通史及元史研究等，提供了许多重要资料。其译述有《西突厥史料》《多桑蒙古史》《蒙古与教廷》《马可波罗行纪》《西域南海史地考证译丛》等，并著有《中国南洋交通史》《西域史地释名》《瀛涯胜览校注》等。顾颉刚在《当代中国史学》一书中，把冯承钧列为贡献最大的史地翻译家。

冯先生学识渊博，治学严谨。他认为先前关于成吉思汗的著作，《元史》记载疏于简略，而后人撰写的著作虽然较《元史》内容增多，但又存在年代、人名、地名考订不清，前后互歧等问题，以致比《元史》更显支离破碎了。这是因为这些著者并非蒙元史专家，不了解蒙语、西语等。冯承钧先生作为蒙元史专家，在撰写《成吉思汗传》上有得天独厚的优势，是他人难可比拟的。

《成吉思汗传》出版于1934年，初名《成吉思汗事辑》。冯先生撰写该书所依据资料为《元史》《元朝秘史》《圣武亲征录》，以及外国学者多桑（D'ohsson）所著的《多桑蒙古史》、巴儿脱德（Barthold）所著的《蒙古侵略时代之突厥斯单》、伯希和（Pelliot）的相关蒙元史的考订著作等。冯先生通过对这些著作详加考订，仔细辨析史实、人名、地名，撰成这本内容虽少但分量重的小书，是研究成吉思汗的典范之作。

全书除绪言外，共计十一章。首先介绍了成吉思汗时代所存在的诸部；然后简要介绍成吉思汗先世源流；接着讲述了成吉思汗崛起、统一诸部，建立大蒙古国的过程；最后详细论述了成吉思汗进攻西辽、金国，西征花剌子模，灭亡西夏，直至去世的经历。内容脉络清晰，层次分明，论述平实，为读者还原了一代天骄成吉思汗的非凡一生。

本书以1934年商务印书馆版为底本，整理出版。整理时遵循这几个原则：一、全书统一使用现代标点符号。二、对错别字径改，对前后不一致的人名、地名等进行统一。三、对人名、地名（含山脉、河流、湖泊、海）、朝代名、部族名、谥号、庙号等下加横线。四、将年、月、日统一改为阿拉伯数字。五、书中地名为旧称，对可查阅的地名添加脚注，标注今名、其他译写、今日所在地等，方便读者阅读。

冯先生著本书，未对成吉思汗率领的蒙古军事、征战做整体分析、论述，可谓一缺憾，本书从冯先生所译《多桑蒙古史》中节选一章附录文后，供读者参考。书后另附《元史》所载成吉思汗本纪，供读者阅读时，与本书相互参酌。图书最后所附年表，是编者根据本书，同时参考其他资料整理添加的，方便读者了解成吉思汗的生平。

由于编者水平有限，错误、疏漏在所难免，敬请方家指正。

目录 / CONTENTS

绪 言

《元史·太祖本纪》云："帝深沉有大略，用兵如神，故能灭国四十，遂平西夏。其奇勋伟迹甚众，惜乎当时史官不备，或多失于纪载。"具见修《元史》者对于成吉思汗之事迹遗漏甚多。于是后人改纂有若干名称不同之《元史》，或根据中国载籍改修，如《元史类编》等类是；或根据译文补辑，如《元史译文证补》之类是；迄今不下七八种。史事固较旧史增多，然支离则较旧史更甚。

我以为改订《元史》鸠辑史事固重，而考订年代、划一名称尤重。新修诸本在年代方面固有比对西书而为改订者，然于地名人名，歧互更较旧史为难读。其故则在修史者未备具若干条件，盖修元史者必须：（一）了解北方、西方若干语言；（二）明了汉字古读，尤应知元人读法；（三）名从主人。此三条件缺一不可。前之整理《元史》者三者并缺，所以愈整理而愈支离。诸改订本之中较差强人意者，要推《蒙兀儿史记》[①]，缘其尽量采纳《元史译文证补》《成吉思汗实录》等书之文，复赖译人为之翻译若干西籍。惟其最大缺点，则在不可以数计之汉语外的人名地名考订，其穿凿附会，竟使任何声韵皆可相通，假使其仅限于附注，误人尚浅，然且并著之于本文。兹

——————
① 《蒙兀儿史记》，清代屠寄所撰纪传体蒙元史书。

略举数事以明之。

阿剌壁或阿剌毕（Arabi）①之称，明人行记早见著录，而屠氏一概改作阿滥谧。按《唐书》卷二二一下，安国治阿滥谧城，唐之安国即元之不花剌（Bokhara）②，阿谧谧即昔之Aryamithan今之Ramitan，牵强附会如此，未免太缺史地常识。

前一名称尚可谓其中有若干声韵相近者，然更有相远者。其《西域列传》（卷中第一页）云："花剌子模母可敦弃花剌子模而出走时，尽投诸部落故酋于阿梅河中，惟亚俱罗故酋之子得免。"注云："亚俱罗种族名，《唐书》谓大食③，一名亚俱罗是也。有亚俱罗水源出亦薛不儿西北山，西流入里海，其入海之口即名亚俱罗海口，故里海一名亚俱罗海，有亚俱罗城。今图作亚什勒特，或作阿什咧佛，在里海东南湾上，东距阿士特剌阿卜秃百数十里，西距撒里不足百里，疑即西北地附录之朱里章。"

此段注释可谓尽牵强附会之能事，不特将近在一处之Atrak与Gurgan两水混而为一，且将此二水与Euphrates牵合为一水。按亚俱罗一名首见《通典》引杜环《经行记》④，乃黑衣大食⑤之古都Aqula，阿剌壁语名曰Kufa，即《元史》西北地附录之苦法也。则屠氏所谓亚俱罗海口、亚俱罗海、亚俱罗城等称，并是毫无郢书可据之燕说。

---

① 阿剌壁或阿剌毕（Arabi），今译阿拉伯。

② 不花剌（Bokhara），又译布哈拉，今乌兹别克斯坦境内城市。

③ 大食，中国史籍中对阿拉伯帝国的称呼。

④ 杜环是唐代旅行家，在唐朝与大食怛罗斯之战中被俘，因而在中亚、西亚及地中海地区生活十余年。撰有《经行记》，今已存，杜佑《通典》有部分引述，得以窥见其著作内容。

⑤ 黑衣大食，中国史籍对阿拉伯帝国阿拔斯王朝（750—1258）的称呼，因其崇尚黑色，故名。

所谓亚什勒特，应指Ashurada湾，所谓阿什咧佛，应指距海岸尚远之Ashraf。至若朱里章（Jurjan）远在Gurgan河中流之北岸，更风马牛不相及。又考《蒙兀儿史记》此处所谓"亚俱罗"者，西域书多作牙疾儿（Yazir），亦作牙思吉儿（Yazghir），此城后名都伦（Durun），处今里海铁道Beharden车站附近，在Askhabad及Kizil-Arvat两城之间，此乃花剌子模可敦自玉龙杰赤①赴祃拶答而（Mazandaran）②必经之路，所以留牙疾儿酋子做向导，并未远至苦法或亚俱罗也。

右③一名称尚可谓"牙""亚"二字同韵，而后之声韵稍涉影响也。然竟有无中生有者，《蒙兀儿史记》卷三（十八页）采录《圣武亲征录》木华黎将五部及女真、契丹之兵经略中原之文，其中有一火朱勒部，屠氏不识此名，硬断其为火鲁剌之讹，而改为豁罗剌思（Ğorulas），并臆断其统将即是名见《元秘史》卷四之薛赤兀儿。按别勒津（Berezin）本之剌失德丁《史集》④相对之称作火失忽勒（Qošiqul），突厥语Qoš犹言双，乃由各队中调发二人所组成之一军，当时并无此火朱勒部；《亲征录》之火朱勒疑是火失勒之讹也。

屠氏从汉字音译蒙文《元秘史》中识得若干蒙文名词，乃不明蒙古语之变化，所以错误丛出。若乞颜（Kiyan）单数也，变为复数必须作乞牙惕（Kiyat），乃竟有作乞颜惕者。又如秃马惕（Tumat）在蒙古语中似仅有复数之称，大典本《元秘史》有作秃马敦者，盖

① 玉龙杰赤，乌尔根奇的旧译，为今乌兹别克斯坦境内城市。
② 祃拶答而（Mazandaran），今伊朗北部马赞达兰省，靠近里海。
③ 原著为竖排，右指横排版的上文。
④ 剌失德丁，又译拉施特丁、拉希德丁，是波斯伊儿汗国的宰相，14世纪初，他主持编纂了七卷本的《史集》，对研究蒙古、突厥及中亚各民族历史具有很高的史料价值。

连同语尾表示属格之-un而言，在用作名词之汉语中，并无须作敦，乃屠氏亦沿其误。又如主儿勤（Jurkin）有时连同属格而作主儿乞讷（Jurkin-u），大典本有时省作主儿乞，屠氏亦因之。如斯之类，皆足证其不明蒙古语之变化。既不知之，则不应处处以蒙古通自命。乃有时且将蒙古语表示复数之-t加之于其他语名之后，若Ganga之变作殑伽惕，而开梵文从来未有之先例。此外沿袭《元史译文证补》及田中萃一郎所译多桑（D'Ohsson，应作朵松）①译文之误者亦夥。屠氏固亦曾延人节译多桑书，惜译人于此学非专门，译文未免有所误会。屠氏未能订正，遂仍其误。综合其种种缺点，《蒙兀儿史记》抄掇比附元代载籍之文，固可说是空前。然其汉语外名称之考订，十之八九皆可删除也。

前者我拟为《蒙兀儿史记》之《太祖本纪》《西域列传》作一纠误，嗣以纠不胜纠，乃纂辑中西史文撰此《成吉思汗事辑》一卷，与《蒙兀儿史记·太祖本纪》比对读之，其误自见。所采史料，在中国载籍一方，而以《元秘史》《亲征录》《元史》三书为最多。西方撰述则取多桑书第一卷、巴儿脱德（Barthold）撰《蒙古侵略时代之突厥

---

① 多桑（A.C.M.D'Ohsson，1780—1855或1779—1851），瑞典著名东方学家。精通突厥、阿拉伯、波斯及西方诸国语言。利用阿拉伯文、波斯文等稀见史料，用法文撰写了蒙古史，对蒙古族在中亚、西亚及欧洲的活动作了详细叙述。1934年，冯承钧将其翻译成中文。

斯单》（第二版英译本）^①、伯希和（Pelliot）^②考订诸文（散见《通报》《亚洲学报》之中者）。尤于部族及译名两方面用力为最勤。

　　成吉思汗时代诸部族，中西学者尚鲜研究。《元史译文证补·部族考》有目无书。《新元史》仍是抄掇钱大昕之《氏族表》，别无发明。兹取剌失德丁书之《部族志》，与中国载籍共比对，可考者录之，稍涉疑义者不录。例如《元史》卷一三二《麦里传》谓："麦里，彻兀台氏。"比对剌失德丁所著录之部族名中有"札剌亦儿"部之别部Čat。按阿剌壁字不著韵母，上名译写容有脱误，因疑其作Ča'ut。但《元史》同传又云麦里领彻里台部。此"兀""里"二字不知孰误。检洪武本《元史》，歧互之点相同，则未便断其必为西域书中之"察惕"。如是未能比附者，第一章中概不著录。

　　对于译名务求划一，原有译名者，采用其一，不仿《元史译文证补》之例，妄用新翻。盖元人译名亦知根据汉字音读，若林之对lim、寻之对sim、三之对sam、蓝之对lam。其汉语原无之b、t、r、m等类收声，则以卜、惕、木、儿等字代之。此例在《元秘史》中颇常见也。《亲征录》《元史》中之译名固有时适用变例，然亦有例可寻，兹略举数条以明之。

----

① 巴儿脱德（Barthold，1869—1930），又译巴托尔德，俄罗斯人，被誉为中亚史研究界权威。其著作*Turkestan down to the Mongol Invasion*，今中译本为《蒙古入侵时期的突厥斯坦》。

② 伯希和（Paul Pelliot，1878—1945），法国汉学家、探险家。1906—1908年在中国新疆、甘肃一带活动，盗窃敦煌千佛洞大量珍贵文物，运往法国。后为法兰西（巴黎）学院教授、法国金石学和文学科学院成员、法国亚洲学会会长。主编东方学杂志《通报》。致力于蒙元历史研究，作品散见于《通报》等。著有《敦煌千佛洞》《马可波罗行纪校释》《元朝秘史》，译注《圣武亲征录》等。

蒙古昔用畏吾儿字母，故常夺其原有之g、ǧ声母。若克烈部之别部秃别干（Tubägan，见《元秘史》卷五），又作秃别延（Tubään，见《元秘史》卷七）、土别燕（《元史·宗泽传》）。Bulgar，《元史》作不里阿耳（Bul'ar）①，《元秘史》作孛剌儿（Bol'ar）；Tangut作唐兀。皆其例也。

蒙古语及西域语常将b变作m。若乞卜察黑（Qibčaq）之作钦察（Qimčaq）。又若Tabǧač变作Tamǧač（此名在《西游记》中作桃花石），致使近人将此最晚始于隋代之名称臆断作唐家。

蒙古语中采用之突厥语，常将y变作j。若突厥语驿站作yam，蒙古语变作jam，由是汉语之站字又增一新义。突厥语部名押剌伊（Yalair），蒙古语则作札剌亦儿（Jalair）。

古译常将l读作n，在元代几成通例。若Altan之作按滩，Sultan之作算端②，Jalal之作札阑。其例举不胜举。

蒙古语中之-n，可有可无。若Alči亦作按陈（Alčin），河西亦作合申（Qašin），Yuhunan之作月合乃（此人在《元史》卷一三四中皆误作月乃合），Urganj之作玉龙杰赤（Urungäǰ），可以为证。

蒙古语对于发音之r-，常叠用其后之韵母。如Ros之作（Oros），又如Rinčinpal之作懿璘质班，Ratnatala之作阿剌忒纳答剌，皆其

---

① 不里阿耳，部名，最早见于4世纪拜占庭文献，7世纪时在亚速海沿岸和伏尔加河下游游牧，遭可萨人袭击，一部西迁至多瑙河右岸，与当地斯拉夫人结合，即今保加利亚人的先民；另一部溯伏尔加河北上到达卡马河流域，转向定居，从事农业，10世纪时建国，接受伊斯兰教，即《元史·地理志》译称的不里阿耳人。1223年冬，速不台等率蒙古军从斡罗思西返，初次侵掠其境。

② 算端，又译苏丹、素丹等，意为"有权威的人"，伊斯兰教国家普遍将其作为统治者的称号。

例也。

蒙古语对于头一发声之A-韵母，有时省略者，若Abu-Said之作不赛因，Abu-Bäkr之作不别。此类省称不仅见之于《元史》，并见之于波斯蒙古汗致密昔儿（Misr´Egypte）算端之国书中。明人译同名之人亦省略其发声之韵母，而作卜撒因（《明史》卷三三二《西域传》）。

准是以观，元人译法为例虽不纯，尚不难考求得之。至若《元秘史》译例虽云谨严，然亦不无小疵，若泰亦赤兀惕偶亦作泰亦赤额惕（见卷二）；克烈通作客列亦惕，有时亦作格列亦惕（见卷四）；唐兀惕有时亦作唐忽惕（见卷五）；乞卜察兀惕有时亦作钦察兀惕（见卷八）；撒速惕后又作薛速惕（卷十二），多半疑是传抄之误。《元秘史》卷十二列于马鲁、康琳（康里）之间者，有马答撒里部落，疑是马答撒里之误，似是Mazandari=Mazandaran之对音。盖蒙古语亦有读z如s之例也。除此而外，《元秘史》不辨q、ğ二声，有时t亦读作d，凡s在-i前概写作š，是皆《元秘史》之变例也。

本书为划一译名，特将所有人名、地名用罗马字著其对音，所用译写方法，仍取前在"西域地名"中之译写方法，唯少变其例耳。前用之ch皆省作č，前用之sh皆省作š，前用之kh皆省作q，前用之gh皆省作ğ，新用之韵母若ä读若法语之é，新用之ö读若法语之eu，新用之ü与德语ü之读法同。译写务求简单。顾还原名称之多，而其中有若干名称因上述之种种变例，颇难保其不误；然所敢自信者，虽误亦不远也。

二十三年一月三日命儿子先恕笔受讫。

成吉思汗传

第一章

当时之诸部族

成吉思汗（Čingiz-qan）本人的部族是孛儿只斤（Borjigin）。同孛儿只斤血统关系较亲密的蒙古部族统称尼伦（Nirun），其余的蒙古部族统称都儿鲁斤（Durlugin）。蒙古部族以外的部族，可大别为东胡（Tongus）种的部族，同突厥（Turk）种的部族。这些部族我们虽然将他们大别为蒙古、东胡、突厥三种，其实并不是严格的区别，因为在历史里面言人种，就无纯粹的人种，多少皆有血统之混合，充其量不过在语言、风习方面进行区别。就是这类的区别，现在还在研究中，尚无确定的根据；我们沿袭旧称，仍旧采用这三个名称，无非为叙述之便利而已。所以在本书中所言的部族，切莫作人种中的民族解释。当时的部族几尽是些游牧部落，因为"牧""猎""劫""战"等事的变迁，分合不常，甲部落中常有乙丙丁等部落的人。在一最短期间，固然知道某部落中的某人是某氏，质言之，或是本部落的人，或是从别部落来降的、被俘的、被拾得的、被交换的，过了一定时间，因通婚的关系，便皆变作本部的人了。按照蒙古人的传说，固然说每部落的祖宗是某人，这也不过是一种传说而已，同中国古代氏族起源的传说一样，并无历史根据。现在姑举一个例子来说：蒙古尼伦部落中有个很强的部落，名称主儿勤（Jurkin），相传是合不勒罕

（Qabul-qan）的长子斡勤巴儿合黑（Okin-Barqaq）之后，严格说，应该都是巴儿合黑的子孙，其实不然。《元秘史》卷四曾说，巴儿合黑因是长子，在百姓内选择有胆量、有技能、有气力、能射箭的人，随从他，而名曰主儿勤部。成吉思汗将此部灭了，又将他的百姓收为自己的百姓。当时诸部落的分合生灭，我以为皆可以这个主儿勤的例子类推。

前题既明，我现在试将中西载籍可考的部落名称列举于后。

（一）蒙古尼伦部

乞颜（Kiyan），多数作乞牙惕（Kiyat），相传古代即有此称，后在合不勒罕时重以为部族之号；孛儿只斤同主儿勤两部，是从此部分出，所以此二部亦常冠以乞牙惕之号。

孛儿只斤，有说是孛端察儿（Bodančar）之后，有说是也速该（Yisugai）时始有是称。

主儿勤，相传是斡勤巴儿合黑之后。

札答阑（Jadaran），多数作札答剌惕（Jadarat），一称札只剌惕（Jajirat），相传其始祖是孛端察儿妻前夫之子，一说是兀都儿伯颜（Udur-Boyan）之后。

合塔斤（Qatagin），相传是不忽合塔吉（BuquQatagi）之后。

撒勒只兀惕（Salji'ut），相传是不忽秃撒勒只（Buqutu Salji）之后。

巴邻（Barin），相传是巴阿里歹（Ba, aridai）之后。

沼兀列亦惕（Ja'uräit），相传是沼兀列歹（Ja'uräidai）之后。

那牙勤（Noyagin），相传是那牙吉歹（Noyagidai）之后，一说为札黑速（Jaqsu）之后。

巴鲁剌思（Barulas），相传是巴鲁剌台（Barulatai）、合出剌（Qačula）兄弟二人之后，一说谓合出里（Qačuli）之后。

不答安（Buda'an），多数作不答阿惕（Buda'at），相传是合阑歹（Qaraldai）之后。

阿答儿斤（Adargin），相传是阿答儿吉歹（Adargidai）之后，一说谓寻合赤温（Sim Qačì'un）之后。

兀鲁兀惕（Uru'ut），相传是兀鲁兀歹（Uru'udai）之后，一说为札黑速之后。

忙忽惕（Mongut），相传为忙忽台（Mongutai）之后，一说为札黑速之后。

失主兀惕（Siji'ut），相传为失主兀歹（Siji'udai）之后，一说抄真斡儿帖该（Ča'učin Ortägai）之后。

朵豁剌惕（Dogolat），相传为朵豁剌歹（Doğoladai）之后，一说为孛端察儿朵豁阑（Bodančar Doğolan）之后。

泰亦赤兀惕（Taiči'ut），相传为俺巴孩（Ambağai）之后。

别速惕（Bäsut），一作亦速惕（Yisut），相传为别速台（Bäsutai）之后，一说为赤纳台斡赤斤（Činatai Otčigin）之后。

赤那思（Činos），相传为坚都赤那（Kändu Čino）、斡罗黑真赤那（Oloqčin Čino）兄弟二人之后。

晃豁坛（Qonğotan），相传为抄真斡儿帖该六子之后，下五部同。然西域书谓下五部非尼伦部族。

斡罗纳儿（Oronar）。

阿鲁剌惕（Arulat）。

雪你惕（Sünit）。

合卜秃儿合思（Qabturqas）。

格泥格思（Gänigäs）。

这些<u>尼伦</u>部落，同后面列举的若干<u>都儿鲁斤</u>部落，游牧之地大致在<u>斡难</u>（Onan）^①、<u>怯绿连</u>（Kerourän）^②两水流域，<u>孛儿只斤</u>部牧地似在<u>斡难</u>、<u>怯绿连</u>、<u>秃剌</u>（Tuǧla）^③三水发源的地方。

（二）蒙古都儿鲁斤部

<u>朵儿边</u>（Dorbän），多数作<u>朵儿伯惕</u>（Dorbät），<u>剌失德丁</u>（Rašidud-din）曾将此部列在<u>尼伦</u>部之内，是不对的。因为据他所说，<u>阿阑豁阿</u>（Alan Ǧo'a）寡居时所生三个儿子的后人皆是<u>尼伦</u>部，而<u>朵儿边</u>是<u>阿阑豁阿</u>丈夫的四个侄儿之后，不当列在<u>尼伦</u>部内。

<u>兀良合惕</u>（Urianqan，Urianqat）。

<u>弘吉剌惕</u>（Qongirat），此部有人说是<u>突厥</u>种，其牧地好像与<u>塔塔儿</u>（Tatar）部相接，也在<u>捕鱼儿海</u>（Bui rna'ur）^④附近，同<u>也儿古纳</u>（Ärgunä）<u>河</u>^⑤一带；<u>剌失德丁</u>说<u>弘吉剌</u>部有四个别部，在<u>中国</u>载

① 斡难（Onan），又译鄂诺河、俄侬河、敖嫩河。为黑龙江上源之一。发源于蒙古国肯特山，流入俄罗斯境内，即今鄂嫩河。

② 怯绿连（Kerourän），今蒙古国克鲁伦河，发源于肯特山，东流入中国，注入呼伦湖。又有客鲁连、怯鲁连、怯绿怜等译写，也作胪朐河、驴驹河、陆局河、龙居河、龙驹河等。

③ 秃剌（Tuǧla），今蒙古国图拉河，发源于肯特山。又有土喇河、土拉河、土兀剌河、秃忽剌河等译写。

④ 捕鱼儿海（Buir na'ur），今贝尔湖，在内蒙古自治区新巴尔虎左旗西南、中蒙边境上。

⑤ 也儿古纳河（Ärgunä），今额尔古纳河，在内蒙古自治区东北边境，黑龙江南源。

籍中可考的，只有下列两部，可是中国载籍并未说是弘吉剌的别部。

亦乞剌思（Ikiras），牧地在也儿古纳河畔。

斡勒忽讷兀惕（Olgunu´ut）。

火鲁剌思（Ğorulas）。

也里吉斤（Iljigin）多数作（Iljigit），《元史》曰燕只吉台。

阿鲁剌惕（Arulat）。

许兀慎（Hü´ušin）。

速勒都思（Suldus）。

亦秃儿坚（Iturgän），此部在剌失德丁书中作Ilturkin，说是部名；而在《亲征录》中颇难辨别是部名抑是人名；在《元秘史》凡两见，皆作两个使臣的名称，大约是译人误以部名作人名。

伯岳吾惕（Baya´ut），此部的牧地在贝加尔（Baikal）湖之南，好像当时属于突厥种的康里（Qanğli）部中也有个别部名伯岳吾。

（三）东胡、突厥等部

肃良合（Solanqa），此部所指的是高丽人，好像并将高丽附近一带的东胡部落也包括在内。

女真，蒙古语名之曰主儿扯（Jurčäit）。

契丹，蒙古语名之曰乞塔惕（Qitat），此名大概是从契丹传出的多数之称。

塔塔儿，是东胡语系的部落，牧地在捕鱼儿海附近。剌失德丁说分为六部，中有四部同《元秘史》著录的名称大同小异，就是《元秘史》的都塔兀惕塔塔儿（Tuta´ut Tatar）、阿勒赤塔塔儿（Alči Tatar）、察罕塔塔儿（ČağanTatar）、主因塔塔儿（JuinTatar）。此外

《元秘史》中还有阿亦里兀惕塔塔儿、备鲁兀惕塔塔儿、阿鲁孩塔塔儿三部，与剌失德丁所著录的余二部名称完全不同。《元史》中还有个按滩脱脱里（Altan Tatar），犹言金塔塔尔，仅见《阔阔不花（此言青牛）传》，恐是阿勒赤塔塔儿之误读。因为蒙古语中的n生灭无常，阿勒赤也有译作按陈（Alčin）的，然则从按陈变为按滩，只须错一个字母，就可发生这种误会。塔塔儿部同汪古惕（Ongut）部皆是为金国守边墙①的部落，时常捕送他部的酋长献给金国。

札剌亦儿（Jalaïr），此部的牧地似在斡难河北，大概是同蒙古杂居的突厥部落。因为突厥语中的y，在蒙古语中常改作j，此部部名在《元史》中固常作札剌儿，然在《本纪》中初见即作押剌伊而（Yalaïr），可以令人推想它是突厥语系的部落。剌失德丁说札剌亦儿大别为十部，在中国载籍中可以考见的好像只有两部：一名脱忽剌温（Toqura'un），见《元秘史》；一名朵郎吉（Tolangit），见《亲征录》。此外无考。

蔑儿乞惕（Märkit），一名兀都亦惕（Uduyut），分为四部：曰兀洼思（Uvas）（见《元秘史》），曰麦古丹（Mo'udan）（见《亲征录》），余二部仅见剌失德丁书，也是突厥语系的部落，牧地似在

---

① 金边墙，也称界壕、壕堑、金源边堡，俗称成吉思汗边墙，是金代为防御蒙古而筑的军事防御工程。据《金史》记载，天眷元年（1138）以前，金国曾在东北路泰州境内兴建界壕，后来又多次修筑。金边墙的具体走向是：东北起自今内蒙古莫力达瓦达斡尔族自治旗，西南沿兴安岭经索伦、突泉西、达尔泊北，再沿阴山西延至黄河后套。横跨约2500公里。

薛灵哥（Sälängä）^①、斡儿寒（Orqan´ Orkhon）^②流域。

克烈惕（Keräit），也是突厥语系的部落，牧地在斡儿寒、秃剌两河的流域，北邻蔑儿乞，东邻蒙古诸部，尤与孛儿只斤部紧接，所以他们的关系很密切。好像克烈部强时，孛儿只斤等部也臣属过。剌失德丁说除克烈本部外还有五个别部，中有三部可以在中国载籍中考见其名称，这就是只儿斤（Jirgin）、董合亦惕（Tonquit）、秃别干（Tubägän）三部，其名并见《元秘史》。秃别干在元代载籍中亦作土别燕，大约是脱落g声母，所以变成Tubaään了。

乃蛮（Naiman），也是突厥语系的部落，牧地最广，东邻克烈，北邻乞儿吉思（Kirgiz）、谦谦州（Kamkamji´ut）^③两部，西邻康里，南以阿勒台（Altai）山^④为界，其中有个重要的部落名作古出古儿（Gučugur）。

兀儿速惕（Ursut）、帖良古惕（Tälängut）、客思的迷（Kestimi），此三部居地似在贝加尔湖西，同昂哥剌（Angara）河^⑤东之森林中。

林木中之兀良合惕，此部与蒙古诸部中的兀良合惕有别，似亦居同一地带之森林中；《元秘史》名此部曰槐因亦儿坚（Hoïn irgän），犹言林木中百姓。

---

① 薛灵哥（Sälängä），今色楞格河，在蒙古国与俄罗斯国境之间，注入贝加尔湖。

② 斡儿寒（Orqan´ Orkhon），今鄂尔浑河，发源于肯特山，流经蒙古国中部，注入色楞格河。

③ 谦谦州（Kamkamji´ut），在今唐努山以北，俄罗斯叶尼塞河上游流域。因谦河而得名，谦河即今叶尼塞河上游乌鲁克穆河。

④ 阿勒台（Altai）山，今阿尔泰山。

⑤ 昂哥剌（Angara）河，今俄罗斯安加拉河。

斡亦剌惕（Oïrat），好像是蒙古部落，不过牧地在蒙古诸部之外，处玉须（Yenisei）水①上流谦（Käm）河一带，与乞儿吉思为邻。

乞儿吉思、谦谦州，此二部居地在谦河沿岸。

巴儿忽惕（Barǧut），居贝加尔湖东，巴儿忽真（Barǧučin）河畔。其别部有四，在中国载籍中可考者有下列二部。

不里牙惕（Buriat）。

秃马惕（Tumat），此部亦称豁里秃马惕（Ǧori-Tumat），犹言老秃马惕也。

火儿罕（Ǧorqan），应是《亲征录》中之火鲁罕，与撒合亦惕（Saqaït），此二部居地未详。

汪古惕，居河套北，似属突厥语系部族。突厥语谓长城曰汪古，因以为部名。史亦名此部曰白达达，则为察罕塔塔儿之别译，然而必非塔塔儿部。至若名之曰白达达者，疑因其同塔塔儿部在东西两地同守金之边墙，金人或亦误称之曰塔塔儿欤？此说诚知薄弱，可是难得别解。

唐兀惕（Tangut），就是宁夏、甘肃、青海一带的西夏国。蒙古人先名此国曰河西，《元秘史》一讹而为合申（Qusin），后改称曰唐兀惕。此部既非东胡，亦非突厥。

亦必儿失必儿（Ibir-Sibir），此部似在乞儿吉思部之北，《元秘史》省称作失必儿，其全名见《元史·玉哇失传》。

---

① 玉须（Yenisei）水，今俄罗斯叶尼塞河。

（四）西域诸国

畏吾儿（Uigur），就是隋唐时代的回纥，被乞儿吉思（黠戛斯）灭亡后，其残部徙居现在新疆东部、别失八里（Bešbaliq，今孚远北）①、哈剌火州（Qara-Qojo，今吐鲁番东）等地。

哈剌鲁（Qarluq），居伊犁河流域，其中有个阿力麻里（Almalik）国②，就是此部所建之一国。

哈剌契丹（Qara-Qitat），即史之西辽，建都于垂（Čui）河③附近之八剌撒浑（Balasaǧun）④。此国最强，畏吾儿、哈剌鲁等部及西方诸国皆称藩于西辽。

河中，地在昔浑（Sihun，古药杀水）⑤、只浑（Jihun，昔乌浒水，一名阿母河Amu）二水之间。西辽曾在此地置河中府。本地亦有君主君临此地，建都于撒麻耳干（Samarkand）⑥，而称藩于西辽。欧洲人名此地曰Transoxiane。

花剌子模（Khwarizm），地在阿母河与里海间，亦自成一国，建都于玉龙杰赤（Urginj）。成吉思汗西征以前，此国最大。今之阿富汗斯坦（Afǧanistan）、波斯（Parsa）两地皆列其版图。

---

① 别失八里（Bešbaliq），在今新疆吉木萨尔县北破城子。

② 阿力麻里（Almalik）国，也作阿里麻里，在今新疆霍城县西北。

③ 垂（Čui）河，今楚河，在今哈萨克斯坦与吉尔吉斯斯坦境内，发源于天山北，向西北消失在沙漠中。

④ 八剌撒浑（Balasaǧun），在今吉尔吉斯斯坦托克马克市。又有碎叶城、八剌沙衮、虎思斡耳朵等古称。

⑤ 昔浑（Sihun，古药杀水），今锡尔河。中亚内流河，发源于天山山脉，流经吉尔吉斯斯坦、塔吉克斯坦、乌兹别克斯坦、哈萨克斯坦这四国，注入咸海。

⑥ 撒麻耳干（Samarkand），又译撒马尔罕、撒马尔干，在今乌兹别克斯坦境内。

报达（Baǧdad）^①，是黑衣大食（Abbasside）教主（Qalifa）之都城，时其国境日削，领地甚小。

鲁木（Rum）是小亚细亚之突厥蛮（Turkman）所建之国，元代的拂菻，大概即指此国。可是拂菻有时与富浪（Farang，Frank）相混，富浪就是西亚人名作欧洲人之称。

苫国（Šam），就是欧洲人所称的西利亚（Syrie）^②，此国常属密昔儿（Misr），密昔儿诸宗王常分藩于此。

密昔儿，就是欧洲人所称的埃及（Egypte）。

曲儿忒（Kurd）部，在波斯、鲁木两地之间。

谷儿只（Gurji，Georgie）国^③，在太和岭（Caucase）^④之南。

薛儿客速惕（Särkäsut，Circas），阿速（As），一名阿兰（Alain），此二部在太和岭北。

康里部，在咸海之北。

巴只吉惕（Bajigit），此部在札牙黑（Jayaq）水之上流，札牙黑今名兀剌勒（Ural）水^⑤。

不里阿耳（Bulgar），《元秘史》作字剌儿，居地在昔亦的勒（Itil）、今窝勒伽（Volga）水^⑥之上流。

钦察（Qipeaq），即后之俄罗斯（Russie），当时领地尚小。

马札儿（Majar），即后之匈牙利（Hongrie）。

---

① 报达（Baǧdad），今巴格达，是伊拉克首都。元代译为"报达"。

② 西利亚（Syrie），今译叙利亚。

③ 谷儿只（Gurji，Georgie），今格鲁吉亚。

④ 太和岭（Caucase），指高加索山脉，元代称太和岭。

⑤ 兀剌勒（Ural），今乌拉尔河，是俄罗斯南部河流，经哈萨克斯坦西北，注入里海。

⑥ 窝勒伽（Volga），今伏尔加河，位于俄罗斯西南部高加索地区。

以上所列举的部族同国民，仅就东西载籍中可以比附的列举而已。此外《元秘史》同剌失德丁书还有许多名称，现在尚难比附，故从略。

这些部族皆是当时成吉思汗所征服、所蹂躏的部族，他首先利用札只剌、克烈两部的力量，将蒙古诸部统一；然后借故征服克烈、乃蛮等部，畏吾儿、哈剌鲁两部畏威不战而降；由是南下，一面侵入西夏，一面利用汪古部做向导，侵入金国；同时又因为乃蛮王子夺据西辽帝位，进兵西方，拓地至花剌子模国境；旋因花剌子模杀其遣派的商人，并攻击蒙古讨伐蔑儿乞部的军队，遂进兵入花剌子模境，残破各地，分军逾太和岭，蹂躏欧洲东部；有史以来侵略家斥之广，无逾成吉思汗者也。

第二章

成吉思汗
先世之传说

蒙古人在13世纪以前，好像不知有文字，所以以前的事迹全凭传说，我们只能以传说目之，不可认其为史实。这种传说既凭口述，种类必多，可惜我们现在所知道的只有两说：一说是《元秘史》所传之说，蒙古源流之传说也可附于此类；一说是剌失德丁书之传说。《圣武亲征录》的传说与剌失德丁书大致相同，可惜译人将原文的卷首删了，仅始于也速该，使我们不能将原书所传之成吉思汗的先世取来对照剌失德丁书。《元史》世系表的传说同此说大同小异，也可附于这一类。我们以后省称前说为甲说，后说为乙说。

　　据乙说，成吉思汗诞生之两千年前，蒙古民族被其他民族所破灭，仅遗男女各二人，逃避一地，四面皆山，山名额儿格涅昆（Ärgänä-qun）。这个名称我认为应改作（Ärgunä-qun），因为波斯文字不著韵母，难免没有错误。我想就是现在的额尔古纳（Ärguna）河附近之一山崖，因为qun的本义犹言崖也。这部分的传说，除开年代可疑外，似乎有点近类真相。《旧唐书》曾说有蒙兀室韦，《南齐书》中著录有些鲜卑名称，似出蒙古语，可以证明当时的蒙古居地在黑龙江上流同呼伦淖尔一带，后来渐渐西徙。虽西徙，仍与弘吉剌、斡勒忽讷兀惕、亦乞剌思等部继续通婚姻，而这些部落皆在也儿古纳

（额儿古纳）水附近也。

乙说又云，避难的后人因地狭人众，乃谋出山。先是其人常在其中采取铁矿，至是乃积木以焚矿穴，铁矿既熔，因辟一道，遂出山外，迁居到斡难、怯绿连、秃剌等水沿岸。这种锤铁的传说，同树瘿生子的传说，北方民族多有之。

迁居的后人有一人名孛儿帖赤那（Bortačino），其意犹言苍狼，我想这也是北方民族通行的一种物语。据甲说，孛儿帖赤那传十一世而至朵奔蔑儿干（Dobun-Märgän），这十一世人名称如下：（一）巴塔赤罕；（二）塔马察；（三）豁里察儿蔑儿干；（四）阿兀站孛罗温；（五）撒里合察兀；（六）也客你敦；（七）挦锁赤；（八）合儿出；（九）孛儿只吉歹蔑儿干；（十）脱罗豁勒真伯颜；（十一）朵奔蔑儿干同其兄都蛙锁豁儿。

乙说少三世，无第五世，无第九世，无第十世。名称之不同的，则第三世人名为合卜出篾儿干，第六世作你客你敦，第八世作合里合儿出。这些传说的异点，我以为没有甚么关系。比方也客你敦此言大眼，你客你敦此言一眼，因为这个一眼，所以又发生了都蛙锁豁儿额中生独眼，能望三程远之传说。

从前游牧部落常有掠取妇女的习惯，所以这类的事实在成吉思汗先世之传说中凡三见；《元秘史》虽说朵奔蔑儿干之妻秃马惕人阿阑豁阿是索来的，我想是抢来的，阿阑豁阿就是尼伦部的始祖。

朵奔蔑儿干娶了阿阑豁阿为妻以后，生了二子，一名不古讷台（Bugunutai），一名别勒古讷台（Belgunutai）。朵奔蔑儿干死后，阿阑豁阿寡居时又生三子，一名不忽合答吉，一名不合秃撒勒只，一名孛端察儿。先前的两个儿子疑心他母亲同伯岳吾氏的家人私通，阿阑豁阿乃告诉他们说，每夜有光从天窗入，变为淡黄色少年，因受孕遂生三子。这种不夫而孕、感梦生子的神话，到处皆有，亦不足为奇。后来这五个儿子成为别勒古讷惕、不古讷惕、合塔斤、撒勒只兀惕、孛儿只斤五部之祖。

兄弟五人虏了一群游牧的人，中有一个孕妇，孛端察儿娶以为妻。此妇所生前夫之子名曰札只剌歹，后为札答阑或札只剌惕部之祖。后又生一子曰巴阿里歹，为巴邻部之祖。孛端察儿又别娶妻，生子曰把林失亦剌秃合必赤（Barim-Širatu-Qabiči）。此人在乙说中则作不花（Buqa）。合必赤的母从嫁来的妇人做了孛端察儿的妾，生一子名沼兀列歹，后为沼兀列亦惕部之祖。

合必赤子名篾年土敦（Mänän-Tudun），生子七人，《元秘史》皆著其名，说第二至第六子是那牙勤、巴鲁剌思、不答安、阿答儿斤等部之祖。第七子纳臣（Način），为兀鲁兀惕、忙忽惕、失主兀惕、朵豁剌惕等部之祖。此说同乙说不合。

甲说的长子合赤曲鲁（Qači Küluq）生子名海都（Qaidu），然此二人在乙说中则同为一人。两说在此处大见分歧，乙说在此处多一种传说，据说札剌亦儿部人在怯绿连河上为契丹兵所败，有部人七十圈子（Kurä），逃到篾年土敦妻莫拿伦（Monulun）同他六子的牧地。札剌亦儿人饥困，在莫拿伦诸子练马的地方掘草根为食，莫拿伦见毁其地，怒甚，驱车伤数人。札剌亦儿人忿怨，尽驱莫拿伦马群以去，莫拿伦六子不及衣甲，驰逐与战，莫拿伦恐难胜敌，令诸子妇载甲追从之，然未及至，六子尽死。札剌亦儿人复还杀莫拿伦，仅其孙海都尚幼，乳母匿诸积薪中得免。如此看来，甲说六子之后为诸部祖一说，未足据也。

第七子纳臣（Način）娶巴儿忽惕部之女而留居其地，闻其母又诸兄死，遽还，见老妪数人与海都仅存，欲复仇，并夺还被掠之物，然苦无马，幸有一驿马中道逸归，纳臣得乘之往侦札剌亦儿人，路逢父子二人乘马拳鹰行猎。二人相距微远，纳臣识鹰为兄物，趋前绐①少者，询其是否见有一赤马引群马东行。少者答曰否。转问纳臣来地有否凫雁。纳臣曰有，愿导之至其地。行至河隈，出不意刺杀之，系马与鹰，趋迎后骑，绐之如初。后骑问其子何为久卧不起。纳臣以鼻衄对，乘隙又刺杀之。远见山谷中有马数百，童子数人守之，方掷石为戏。纳臣乘高四顾，见无来人，乃尽杀童子，驱马拳鹰而还。取海都并诸老妪赴巴儿忽惕之地。

海都稍长，纳臣率巴儿忽惕之民奉之为主，以兵攻札剌亦儿部而役属之。海都生三子，长名伯升豁儿（Bai-Sinğor），次名察剌孩领昆（Čarağai Linqum），三名抄真斡儿帖该。伯升豁儿生子曰屯必乃（Tumbinai），是为成吉思汗之四世祖。察剌孩生三子，长名莎儿合秃赤那（Šorqatu Čino），即是《元秘史》之想昆必勒格（Sängün Bilgä）。想昆疑是"将军"二字之讹译；必勒格唐译作毗伽，此言贤也。想昆必勒格生子名俺巴孩（Ambağai），为泰亦赤兀惕之祖。后察剌孩娶嫂为妻，甲说生一子曰别速台（Basutai），为别速惕部之祖。乙说生二子，曰坚都赤那，曰斡罗黑真赤那，二人之后为赤那思部之祖。抄真斡儿帖该，甲说谓生子六人，一名斡罗纳儿，一名晃豁坛，一名阿鲁剌惕，一名雪你惕，一名合卜秃儿合思，一名格泥格思，后成六部之祖。即以人名为部名。乙谓抄真斡儿帖该为失主兀惕部之祖。

① 绐（dài），欺骗。

屯必乃，甲说生二子，一名合不勒罕，一名捍薛赤列（Sim Säčilä）。乙说中之剌失德丁书谓生九子，长子札黑速，为那牙勤、兀鲁兀惕、忙忽惕三部之祖。次子把林失剌秃合必赤，此人在甲说中为孛端察儿之子，乙说缺，疑误置于此。三子合出里，为巴鲁剌思部之祖。四子寻合赤温，为阿答儿斤部之祖。五子不答乞勒该（Buda-Kilgai），为不答阿惕部之祖。六子合不勒罕，为乞牙惕部之祖。七子兀都儿伯颜，为札只剌惕部之祖。八子孛端察儿朵豁阑，为朵豁剌惕部之祖。九子赤纳台斡赤斤，为亦速惕部之祖。乙说中之《元史》，谓有六子，长子曰葛术虎，为那牙勤部之祖。次子曰葛忽剌急哩怛，为大巴鲁剌思部之祖。三子曰合产，为小巴鲁剌思部之祖。四子曰哈剌喇歹，为不答阿惕部之祖。五子曰葛赤温，即合赤温之别译，为阿答儿斤部之祖。六子曰葛不律寒，即合不勒罕（Qabul-qan）。

合不勒罕是成吉思汗之三世祖。生七子：长曰斡勤巴儿合黑，次曰把儿坛把阿秃儿（Bartan Ba'atur），三曰忽秃黑秃蒙古儿（Qutuqtu Mongur），四曰合丹把阿秃儿（Qadan Ba'atur），五曰忽图剌可汗（Qutula Qǧgan），六曰忽阑把阿秃儿（Qulan Ba'atur），七曰脱端斡赤斤（Todan Otčigin）。

相传合不勒罕入朝金主，金主惊其食量过人。一日合不勒罕酒醉，捋金主须，酒醒请罪，金主笑释不问，厚赠而遣之归。合不勒罕甫行，金主之臣言其恐为边患，金主乃遣使要之返。合不勒罕不受命，使者执之。合不勒罕乘间脱归，使者踵至，合不勒罕命左右杀使者。

当时，尼伦诸部以乞牙惕、泰亦赤兀惕两部为最强，常相代为诸部长。合不勒罕死，俺巴孩可汗继立，始与塔塔儿部结怨。合不勒罕妻弟赛因的斤（Saïn Tägin）构疾，延塔塔儿部之珊蛮（Šam-an）治之。珊蛮者，兼医与巫之术士也，治之不效而死，赛因的斤之亲族追及珊蛮杀之。塔塔儿部人怒，起兵复仇。合不勒罕诸子助母族与之战于捕鱼儿、阔涟（Kölän，呼伦淖尔）两海子之间，未有胜负。其后俺巴孩求妻（甲说嫁女）于塔塔儿部，塔塔儿部人乘机报怨，执俺巴孩送于金主。金主方挟前此合不勒罕杀使之忿，钉俺巴孩于木驴上杀之。先是乞牙惕、主儿勤部长斡勤巴儿合黑（合不勒罕子）亦为塔塔儿部执送金国，其被害与俺巴孩同。俺巴孩既死，合不勒罕第五子忽图剌可汗继立，与俺巴孩子合丹太师（Qadan Taiši）等谋复仇，举兵入金界，大掠而还。金遣兵讨之，连年不能克，乃议和，割西平河北二十七团寨与之，岁遗牛羊米豆。时在1147年也。

由是忽图剌成为蒙古之英雄。蒙古人誉其歌声洪亮，如雷鸣山中，两手力强，有如熊爪，能折人为两截，易如折箭。相传冬夜燃巨木取暖，忽图剌裸卧火旁，火星炭屑坠其身而不觉，醒后以灼伤为虫螫。工饮啖，日食能尽一羊，饮马湩①无算。

忽图剌攻金还，与所部数人行猎，遇蒙古朵儿边部之战士，被袭击，从者皆逃。忽图剌马陷于淖，泥没马颈，亟登鞍跃登彼岸。朵儿边人追至对岸，见其无马，乃曰，一蒙古人无马者尚何能为，遂释不追。

从者还传其死耗，成吉思汗父也速该已持馈往奠。忽图剌妻不信其死，曰："其声震天，手如三岁熊爪之战士，必不为朵儿边人所得，其晚归必有故，不久必见其至。"

忽图剌待敌退，还至淖，执马鬣引之出，重上马，自念曰："我

---

① 马湩，指马奶酒。

为此辈所袭击，不能无所得而归。"见有马群经过朵儿边之地，急跃登其引马，驱马群而归。

忽图剌兄把儿坛把阿秃儿，成吉思汗之祖也。生四子：长忙格秃乞颜（Mongätu Kiyan），次捏坤太师（Näkun Taiši），三即也速该，把阿秃儿为乞牙惕、孛儿只斤部之长，四答里台斡赤斤（Daritai Otčigin）。后忽图剌死，尼伦诸部以也速该英勇，遂推之为诸部长。

先是兀都亦惕、蔑儿乞部长脱黑脱阿（Toqto´a）之弟也客赤列都（Yäkä Čilätu）娶妻于弘吉剌之别部斡勒忽讷惕部。偕妻归，路过斡难河畔，也速该适放鹰，见赤列都妻有姿色，即还家召其兄捏坤太师、弟答里台斡赤斤同往掳之。赤列都见三人来意不善，弃其妻而逃。也速该遂取以为妻，此即成吉思汗之母月伦额格（Ǔ´älun ägä）。月伦额格犹言云母，《元秘史》作诃额仑兀真（Hö´älun-ujin），犹言云夫人。成吉思汗诸妻之位高者，仅有兀真之号，兀真即是汉语"夫人"之讹译，具见当时蒙古诸部仅知夫人为尊称，尚不知有太后、皇后之号。《元史》所谓宣懿皇后，盖汉人之尊称也。

乞牙惕诸部因塔塔儿部缚送俺巴孩于金国之恨，常与之战，相传战十三次未能复仇。1155年，也速该与塔塔儿战，俘塔塔儿部二人，其中一人名帖木真兀格（Tämučin-Ugä）。当时月伦额格适在斡难河之迭里温孛勒答黑（Däli´un Buldaq，犹言源头之山），产生一子，蒙古人常以初见之人物或初闻之事为新产子名，故也速该名其子曰帖木真。后又生三子，曰拙赤合撒儿（Joči-Qasar），曰合赤温（Qači´un），曰帖木格斡惕赤斤（Tämugä Otčigin），一女曰帖木仑（Tämulun），后嫁亦乞剌思部人不秃（Butu）。

帖木真年十三岁时，也速该拿之往舅家之斡勒忽讷惕部，欲为之乞婚。路过扯克扯儿（Čäkčär）、赤忽儿古（Čiqurgu）两山之间，遇弘吉剌部人德薛禅（Tain Säčan）。德薛禅奇帖木真貌，以己女孛儿帖（Bortä）字之。也速该遂留其子于德薛禅所。独归，路经扯克扯儿山之失剌川（Šira Kä´är，按客额儿元人常译作川，专指平野而言），遇塔塔儿部人聚食；也速该至，塔塔儿人识之，忆前此部人被俘之恨，置毒于食款之。也速该行三日至家，病甚，知中毒，乃托其妻子于晃豁坛部察剌合（Čaraqa）老人之子蒙力克（Mulik）。此蒙力克即成吉思汗母月伦额格之后夫，而诸功臣中之长也。

成吉思汗先世世系表^①

	一世	二世
1	孛儿帖赤那 　┬巴塔赤罕	┬塔马察
2		
3		
4		
5		
6		
7		
8		
9		
10		
11		
12		
13		
14		
15		
16		
17		
18		
19		
20		
21		
22		
23		
24		
25		
26		
27		
28		
29		
30		
31		
32		
33		
34		

_____

① 此表根据内文整理而成。

三世	四世	五世
1 ─豁里察儿蔑儿干	─阿兀站孛罗温	─撒里合察兀
2		
3		
4		
5		
6		
7		
8		
9		
10		
11		
12		
13		
14		
15		
16		
17		
18		
19		
20		
21		
22		
23		
24		
25		
26		
27		
28		
29		
30		
31		
32		
33		
34		

	六世	七世	八世
1	┤也客你敦	┤捍锁赤	┤合儿出
2			
3			
4			
5			
6			
7			
8			
9			
10			
11			
12			
13			
14			
15			
16			
17			
18			
19			
20			
21			
22			
23			
24			
25			
26			
27			
28			
29			
30			
31			
32			
33			
34			

九世	十世	十一世
1 孛儿只吉歹蔑儿干	脱罗豁勒真伯颜	都蛙锁豁儿
2		朵奔蔑儿干（妻阿阑豁阿）
3		
4		
5		
6		
7		
8		
9		
10		
11		
12		
13		
14		
15		
16		
17		
18		
19		
20		
21		
22		
23		
24		
25		
26		
27		
28		
29		
30		
31		
32		
33		
34		

十二世	十三世	十四世
1		
2 ┐不古讷台		
3 │别勒古讷台		
4 │不忽合答吉		
5 │不合秃撒勒只		
6 └字端察儿	┐札只剌歹	
7	│巴阿里歹	
8	│把林失亦剌秃合必赤（也 ┐篾年士敦（妻莫拿伦）	
	│作不花） └	
9	└沼兀列歹	
10		
11		
12		
13		
14		
15		
16		
17		
18		
19		
20		
21		
22		
23		
24		
25		
26		
27		
28		
29		
30		
31		
32		
33		
34		

	十五世	十六世	十七世
1			
2			
3			
4			
5			
6			
7			
8	合赤曲鲁（可能与海都为同一人）	海都	伯升豁儿
9	合臣		
10	合赤兀		
11	合出剌		
12	合阑歹		
13	合赤温		
14	纳臣		
15			
16			
17			
18			
19			
20			
21			
22			
23			
24			
25			察刺孩领昆
26			
27			
28			
29			抄真幹儿帖该
30			
31			
32			
33			
34			

	第十八世	第十九世		第二十世
1				
2				
3				
4				
5				
6				
7				
8	屯必乃	合不勒罕	《元秘史》之说	斡勤巴儿合黑
9		拇薛赤列		
10		札黑速		把儿坛把阿秃儿
11		把林失剌秃合必赤		忽秃黑秃蒙古儿
12		合出里		合丹把阿秃儿
13		寻合赤温		
14		不答乞勒该	《史集》之说	忽图剌可汗
15		合不勒罕		忽阑把阿秃儿
16		兀都儿伯颜		脱端斡赤斤
17		孛端察儿朵豁阑		
18		赤纳台斡赤斤		
19		葛术虎		
20		葛忽剌急哩怛		
21		合产		
22		哈剌喇歹	《元史》之说	
23		葛赤温（也作合赤温）		
24		葛不律寒（即合不勒罕）		
25	莎儿合秃赤那（也作想昆必勒格）	俺巴孩		合丹太师
26	别速台			
27	坚都赤那			
28	斡罗黑真赤那			
29	斡罗纳儿			
30	晃豁坛			
31	阿鲁剌惕			
32	雪你惕			
33	合卜秃儿合思			
34	格泥格思			

	第二十一世	第二十二世	第二十三世	第二十四世
1				
2				
3				
4				
5				
6				
7				
8	莎儿合秃主儿乞	撒察别乞		
9		泰出		
10	忙格秃乞颜	翁古儿		
11	捏坤太师	忽察儿别乞		
12	也速该（妻月伦额格）	帖木真（妻弘吉剌·孛儿帖）	拙赤	
13	答里台斡赤斤	拙赤合撒儿	察合台	木秃干
14	阿勒坛	合赤温	窝阔台	贵由
15		帖木格斡惕赤斤	拖雷	蒙哥
16		帖木仑（女）	豁真别乞（女）	忽必烈
17		别克帖儿	阿勒阿勒屯别吉(女)	旭烈兀
18		别勒古台		
19				
20				
21				
22				
23				
24				
25	阿答勒罕	塔儿忽台乞邻勒秃黑		
26				
27				
28				
29				
30				
31				
32				
33				
34				

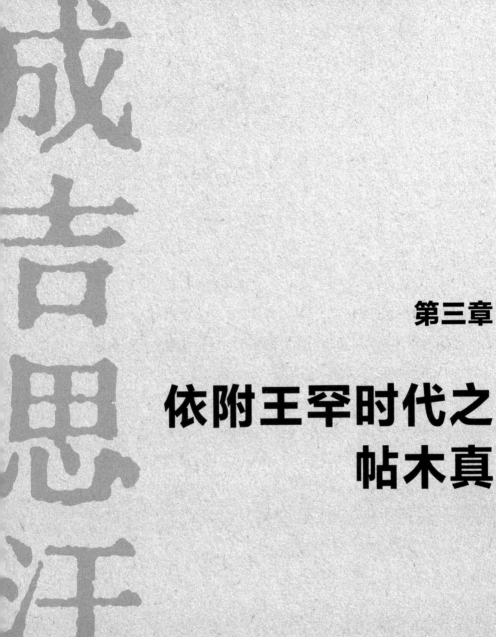

第三章

依附王罕时代之帖木真

当时尼伦诸部以乞牙惕、泰亦赤兀惕两部为最强，递相为诸部长。也速该死时似在1167年。帖木真仅年十三岁，诸部人当然复归泰亦赤兀惕部。时泰亦赤兀惕部中诸部长，以塔儿忽台乞邻勒秃黑（Tarǧutai Kiriltuq）为最强。塔儿忽台者，俺巴孩子合丹太师子阿答勒罕（Adal-qan）之子也。是年春间，因祭祀与月伦额格有违言，泰亦赤兀惕部人遂弃月伦母子而去。也速该旧部亦弃月伦母子而从泰亦赤兀惕部。嗣后月伦掘草根、野蔬以养诸子，诸子等猎渔以奉其母。帖木真除同母弟三人外，尚有异母弟二人，曰别克帖儿（Bäktär），曰别勒古台（Bälgutai）。一日帖木真因异母弟二人夺其所钓之鱼及所猎之鸟，遂共合撒儿射杀别克帖儿。

久之，泰亦赤兀惕部之塔儿忽台恐所弃之帖木真兄弟等长成为患，率其部众来踪迹之。帖木真母子惧，别勒古台于密林中伐木作寨，将弟妹中之最小者合赤温、帖木格、帖木仑三人藏于崖洞间，合撒儿独执弓矢出门。泰亦赤兀惕人大声语之曰，但取汝兄帖木真，他人不取。帖木真惧，策马入山，泰亦赤兀惕人瞥见尾之。至帖儿古捏山（Tärgunä undur），帖木真窜匿密林中，追者不能入，围守之。逾三宿，帖木真率马欲出，马鞍忽坠，视之，胸腹间鞦叩如故；私念腹鞦未脱，鞍落犹可，胸鞦坚叩，鞍何由落，岂天意阻我耶！复还。

又三宿将出，一白石大若行帐倒塞林口，曰：殆天意阻我！仍还。又三宿，糇粮罄竭，则复私念曰：如是饿死无名，不如径出。乃取所佩削箭刀斫林口石边丛薄，开径牵马下山，为泰亦赤兀惕逻者所执。塔儿忽台以枷置其项。闻帖木真荷枷时，有老妪为之理发，并以氈隔枷创处。已而帖木真得脱走，藏斡难河之一溜道中，沉身于水，但露其鼻，以通呼吸，泰亦赤兀惕人穷搜而不能得。有速勒都思部人锁儿罕失剌（Sorqan Šira）经其所，独见之，待追者去，救之出水，脱其枷而负之归，藏之盛羊毛车中。泰亦赤兀惕人至锁儿罕失剌帐，穷搜之，且以杖抵羊毛中，竟未得。搜者去后，锁儿罕失剌以牝马一匹并炙肉、兵器赠帖木真而遣之归。

帖木真循其母弟之迹，至豁儿出恢山（Ğorčuquï Buldaq），始与相值。遂南逾不儿罕合勒敦（Burqan Qaldun）山[1]至阔阔海子（Kökö na'ur），捕土拔鼠、野鼠为食。后因失马求盗，道逢阿鲁剌惕部人孛斡儿出（Bo，orču）。孛斡儿出偕之求得所失马，已而投帖木真所相依不离。旋又有兀良合部的扎儿赤兀歹（Jarči'udai）老人送其子者勒篾（Jälmä）至，由是帖木真始有伴侣。

先是帖木真得失马还家后，沿怯绿连河至德薛禅所，德薛禅以其女孛儿帖妻之。帖木真偕其妻还。孛儿帖奉黑貂袄一袭为见翁姑礼物。帖木真即以此袄献克烈部长脱忽里勒（Toğril），脱忽里勒喜，许为之完聚已散之部众。

时有兀都亦惕蔑儿乞部长脱黑脱阿，因挟也速该夺其弟赤列都妻之旧恨，纠合兀洼思蔑儿乞部长答亦儿兀孙（Daïr-Usun）、合阿惕蔑

① 不儿罕合勒敦（Burqan Qaldun）山，蒙古国肯特山脉中的一座山，位于肯特省境内。

儿乞（Qa'at Märkit）部长答儿马剌（Tarmala），率三百人掩袭帖木真。帖木真全家皆逃入不儿罕山中，唯孛儿帖及别勒古台之母无马，为蔑儿乞人所得。蔑儿乞人三绕不儿罕山，不得帖木真，脱黑脱阿遂以孛儿帖配赤列都之弟赤勒格儿（Čilgär），各还本部以去。帖木真伏山中不敢出，使孛斡儿出、者勒篾、别勒古台三人尾随侦察，三宿后，审知蔑儿乞人远去，始下山来，捶胸告天曰："我命蒙不儿罕山遮护，此后我与子孙永祀不忘。"告毕，解腰带挂项上，脱帽挂手上，九拜，酹马湩酹之。

当时诸部落之最强者，东有塔塔儿，世与蒙古诸部为仇。蒙古诸部中泰亦赤兀惕部较强，但有部长数人分主此部，势渐衰，诸部之人多依札只剌部长札木合（Jamuqa）。西方则以突厥种之克烈、乃蛮两部为最大，克烈部与孛儿只斤部邻，且曾得也速该之助。帖木真妻被掠，遂奔告克烈部长脱忽里勒。

先是克烈部长马儿古思不亦鲁（Marguz Buiruq）曾为塔塔儿部长纳兀儿不亦鲁（Na'ur Buïruq）所俘，献之金主，钉于木驴杀之。马儿古思妻谋复仇，伪降纳兀儿，献羊百头、牝马十匹，马湩百囊，囊盛一人，各执兵器，乘宴时出，杀塔塔儿部长及列席之塔塔儿部人。马儿古思遗二子，曰忽儿察忽思不亦鲁（Qurjaquz Buïruq），曰古儿罕（Gurqan）。忽儿察忽思嗣位，及其死也，遗六子，曰脱忽里勒，曰太帖木儿（Tai Tämur），曰不花帖木儿（Buqa Tämur），曰额儿客合剌（Ärkä Qara），曰必勒格（Bilgä），曰札合敢不（Ja'agambu）。脱忽里勒杀太帖木儿、不花帖木儿二弟及侄数人，夺部长位，金主册封之为王，复自以汗号列王号下，故名王罕（On-qan）。其叔古儿罕逃依乃蛮部主亦难赤必勒格（Inalči Bilgä），亦难赤以兵助古儿罕，逐脱忽里勒，脱忽里勒奔投帖木真父也速该所。也速该亲将兵逐古儿罕，迫之走西夏。复夺部众归之王罕，王罕感之，遂与也速该誓为安答（Anda）。安答，蒙古语犹言盟友也。至是帖木真来乞师，王罕许为右手军。命帖木真约札只剌部长札木合为左手军。时札木合牧地在斡难河畔，许助帖木真，即发所部万人，并发帖木真父旧属诸部之来附者万人，约会师于斡难河源。王罕自将万人，其弟札合敢不别将万人，进至所约之地，与札木合军合，进至勤勒豁（Rilğo）河畔，乘夜结筏渡河，直捣不兀剌川（Bu´ura kä´är）①。河旁有脱黑脱阿之渔夫、猎人，闻警奔告，脱黑脱阿与答亦儿兀孙挈左右数人罄身循薛灵哥河走入巴儿忽真之地。蔑儿乞部之人亦连夜沿薛灵哥河溃走，帖木真在逃民中得其妻孛儿帖，俘答儿马剌。别勒古台之母羞见其子，走入密林不知所终。别勒古台遂尽杀前绕不儿罕山之三百人。帖木真、王罕、札木合合军残蔑儿乞之地，毁其庐帐，掠其妇女。自斡儿寒、薛灵哥两水间塔儿浑阿剌勒（Tarğun Aral）之地退军，王罕东还秃剌河之黑林（Qaratun），帖木真与札木合自幼结为安答，至是遂偕之同还豁儿豁纳黑主不儿（Ğorğornaq Jubur）之地。

以上据《元秘史》之说，然考剌失德丁书，则谓未曾用兵，王罕曾为帖木真索孛儿帖于蔑儿乞。蔑儿乞释之归。帖木真遣人迎之，孛儿帖在道产一子，迎者抟面裹之，盛之袍角中，载之马上而送之归，遂名此子曰拙赤（Joči）②。拙赤，蒙古语犹言客也。此事似在1177年前后，多桑（D´Ohsson）书谓拙赤殁年三十余之说显误，缘窝阔台（Ogotai）汗死于1241年，得年五十六岁，则应生于1186年。若谓

---

① 不兀剌川（Bu´ura kä´är），今蒙古国北部色楞格河支流布拉河。
② 拙赤（Joči），又译术赤。

死于1225年之拙赤仅年三十余，则兄年少于弟矣。似以《元史译文证补》拙赤年四十八九之说为长。故位此役在1177年前后，时帖木真年约二十三岁也。

《元秘史》谓帖木真与札木合共处一年有半，因札木合喜新厌旧，遂乘夜离去。次日黎明，诸部之人相约来归云云。我以为《秘史》此处必有所讳。盖帖木真一生始终用权谋，决不因此微故弃札木合去。其与札木合共处年余，必有所图，疑其曾利用此时间诱聚诸部之人从己，及事已成熟，遂出走。诸部人先既有约，故随其后行。《秘史》不明言者，特示天与人归之意而已。

诸部之人先后来从者，有帖木真伯父蒙格秃乞颜[①]，之子翁古儿（Ongur），率敞失兀惕（此部未详，在《元秘史》卷九又作敞失兀惕）、伯岳吾惕两部之人至，伯父捏坤太师之子忽察儿别乞（Qučar Bäki），叔父答里台斡赤斤，斡勤巴儿合黑子莎儿合秃主儿乞（Šorqatu Jurki）之二子撒察别乞（Sača Bäki）、泰出（Taiču）率主儿勤部，忽秃剌可汗子阿勒坛（Altan）率所部，俱至，此皆帖木真同族之人也。其余杂有札剌亦儿、巴鲁剌思、忙忽、阿鲁剌思、兀良合、别速惕、速勒都思、晃豁坛、斡勒忽讷兀惕、火鲁剌思、朵儿边、亦乞剌思、那牙勤、巴邻、格泥格思、札只剌、撒合亦惕诸部之人。其中最著名者有巴鲁剌思部之忽必来（Qubilai）、兀良合部之速不台（Subutai，Subä，ätai）、帖木真妹婿亦乞列思部之不秃，巴邻部之豁儿赤兀孙（Ğorči-Usun）等。帖木真合诸部族进至阔阔海子，时豁儿赤兀孙伪托祖言，谓札木合当败，帖木真当兴，于是阿勒坛、忽察儿、撒察别乞共议推帖木真为汗。帖木真次第让

_____

① 蒙格秃乞颜，前文也作忙格秃乞颜。

三人及叔父答里台，四人皆辞，帖木真乃受汗号，其事似在1189年也。（年代据《蒙古源流》）帖木真遣人告即位于克烈部长脱忽里勒、札只剌部长札木合，脱忽里勒谓蒙古立汗之举诚是。札木合则以部众离去，颇怨阿勒坛、忽察儿二人从中离间，曾语使者曰："愿帖木真安答好自为之！"

　　后有札木合弟塔合察儿（Taqačar）牧地在斡列该泉（Olgaibulaq）者，进掠撒里川（Sa´ari kä´är）①帖木真伴当札剌亦儿人拙赤答儿马剌（Joči Tarmala）之马群，答儿马剌匿马群中，射杀塔合察儿，札木合以是为隙，遂纠合泰亦赤兀、亦乞剌思、兀鲁兀、那牙勤、巴鲁剌思、巴邻、火鲁剌思等部之众三万人，进击帖木真。不秃之父闻其事，急遣人告变。帖木真时在古连勒古（Gulälgu）之地，闻警亦发诸部之众十三翼共三万人，迎札木合军，战于答阑巴勒主惕（Dalan Baljut）②。帖木真兵败，退守斡难河畔险隘之地。札木合乃回军，道经赤那思部地，执其部长等之附帖木真者分七十镬烹之。

　　已而有兀鲁兀部之主儿扯歹（Jurčatai）、忙忽部之忽亦勒答儿（Čuïldar），各率其族弃札木合而投帖木真。晃豁坛部之蒙力克亦携其七子至。帖木真败后部众复增，甚喜，乃于斡难河畔设宴以享部众，在宴中与主儿勤部失和。

　　1194年，塔塔儿部之一部长蔑古真薛兀勒图（Mägučin Sä´ultu）叛金，金主命右丞相完颜襄北伐，并命诸部发兵随军讨叛。帖木真闻之甚喜，以父祖之仇可以乘机报复，遣使约克烈部长脱忽里勒及主儿

---

① 撒里川（Sa´ari kä´är），又译萨里川，在今蒙古国境内克鲁伦河上游西。
② 答阑巴勒主惕（Dalan Baljut），又作答兰版朱思，在今蒙古国温都尔汗西北。

勤部长撒察别乞、泰出各以兵来会。脱忽里勒亲率兵至，主儿勤部因有前隙不至。会塔塔儿部为金兵败于怯绿连河，溃众北退浯泖札（Ulja）河[①]，帖木真与脱忽里勒夹击之，杀蔑古真，获其辎重牲畜。塔塔儿部在诸部中为最富，帖木真获大珠衾银绷车各一。蒙古诸部最贫，从未获见此物，获之以后，颇炫其事。完颜襄赏帖木真功，授以札兀惕忽里（Ja'ut Quri）[②]之号，并承制以王号授脱忽里勒。

帖木真起兵击塔塔儿时，留部众老小于哈沣泖秃（Qariltu）海子，主儿勤部进袭之，杀十人，剥五十人衣。帖木真怒，率军往讨，败之于怯绿连河畔，尽掳其众，撒察别乞、泰出二人罄身逃走。在主儿勤营得一儿名孛罗兀勒（Boro'ul），许兀真部人也，付其母月伦额格养之。前后计在敌营得养子四人，一为在蔑儿乞营所得蔑儿乞部之曲出（Güču），一为在泰亦赤兀营中所得之别速惕人阔阔出（Kököču），一为塔塔儿营中所得之塔塔儿人失吉忽秃忽（Šigi Qutuqu），并孛罗兀勒为四，时札剌亦儿部人木华黎（Muqali）等投帖木真所。

先是王罕弟额儿客合剌以王罕多杀昆弟，亡入乃蛮，乃蛮部长兹乘王罕率师在外，发兵尽夺克烈部众以付额儿客合剌，王罕失众奔西辽，其弟札合敢不奔投帖木真，克烈部之秃别干、董合惕两部溃众亦随之投帖木真所。

王罕求援西辽不能得其助，遂东归，在道资粮罄绝，仅余山羊数头，取其乳为食。1196年春，行至古泄兀儿（Gusä'ur）海子[③]，使人

---

① 浯泖札（Ulja）河，今蒙古国乌勒吉河。

② 札兀惕忽里（Ja'ut Quri），汉译为诸乣统领。

③ 古泄兀儿（Gusä'ur）海子，在今蒙古国和林格尔东南。

告难于帖木真。帖木真自怯绿连河上流亲迎抚劳，征牲畜于部众以赈给之。王罕遂复有克烈部众。是秋，二人会于秃剌河上之黑林，重申父子之盟。1197年春，二人合讨主儿勤部之撒察别乞、泰出二人，擒斩之。

1197年秋，王罕与帖木真共击兀都亦惕蔑儿乞部，败之于薛灵哥河附近木鲁彻（Muluči）之地，帖木真尽以其所获馈王罕。1198年，王罕部众稍集，遂不约帖木真，自击蔑儿乞部，败之于不兀剌川，杀脱黑脱阿之子脱古思别乞（Toguz Biki），掳其二女，并招其二子忽秃（Qutu）、赤剌温（Čila'un）率其部众来降。王罕大获而归，不以所得馈帖木真，脱黑脱阿遁走巴儿忽真之隘。

1199年，王罕、帖木真共击乃蛮。先是乃蛮部长亦难赤必勒格死，二子台不花（Tai Buqa）、不亦鲁（Buïrug）争父妾，因结怨。不亦鲁率所部退居阿勒台山南乞湿泐巴失（Kizilbaši）海子附近之山地，台不花则保父牧地而有其平原。金主册封台不花为王，故亦号大王。蒙古语讹大王为大阳，故在史书中名台不花曰大阳汗。兄弟二人既交恶，帖木真与王罕乃乘机袭击不亦鲁，逾阿勒台山循兀泷古（Urungu）河，败之于乞湿泐巴失海子，夺其人畜甚众，不亦鲁遁走谦谦州之地。是冬，王罕、帖木真师还，乃蛮有骁将撒卜剌黑（Sabraq）而别号可克薛兀（Köksä'u）者，屯军于巴亦答剌黑别勒赤儿（Baïdaraq Bälčir），欲邀击之。日暮两军对宿，时札只剌部长札木合谮帖木真于王罕曰："帖木真安答曾遣使于乃蛮，有降乃蛮意。"王罕为所动，乃多燃火于阵地，潜移师去。帖木真见王罕弃己而去，亦退还撒里川。撒卜剌黑追王罕至额垤儿阿勒台（Ädär-Altai）[1]，遇

---

[1] 额垤儿阿勒台（Ädär-Altai），在今色楞格河西岸支流伊德尔河沿岸。

王罕弟必勒格、札合敢不二人，夺其眷属、牲畜，进兵掠克烈部边地之人畜。时脱黑脱阿二子之降王罕者，乘机率所部走薛灵哥河与其父合。必勒格、札合敢不二人为乃蛮所袭，仅以身免，奔告王罕。王罕命其子亦勒合鲜昆（Ilqa Sängum）往御，且遣使乞师于帖木真，帖木真亟遣"四杰"率师往援。"四杰"者，孛斡儿出、木华黎、孛罗忽勒及锁儿罕失剌子赤剌温（Čila´un）也。援师未至，鲜昆已败，几被擒，孛斡儿出等至，击退乃蛮，以所夺还之人畜尽归王罕，王罕德之，以衣一袭、金盏十，赐孛斡儿出。

已而脱黑脱阿遣其二弟求援泰亦赤兀部，泰亦赤兀诸部长汪忽哈忽出（Onğu Hağuču）、忽里勒（Quril）、忽都答儿（Qududar）、塔儿忽台乞里勒秃黑等，会兵于斡难河畔之沙漠中。1200年春，王罕与帖木真会师于撒里川，共击泰亦赤兀部，败之，追擒忽都答儿、塔儿忽台于月良兀惕秃剌思（Ölängut Turas）①，杀之。杀塔儿忽台者，锁儿罕失剌子赤剌温也。汪忽哈忽出偕脱黑脱阿之二弟遁走巴儿忽真隘，忽里勒奔乃蛮。

先是数年前，帖木真曾遣使至合塔斤、撒勒只兀二部约与联合，二部之人俱不从，詈辱使者，反与泰亦赤兀部相结，久与帖木真战。至是二部皆不自安，乃约朵儿边、弘吉剌、塔塔儿等部部长会盟。诸部长共举刀斫一马、一牛、一羊、一犬、一山羊，为誓曰："天地听之！兹以诸牲之血为誓，其背盟者，有如诸牲！"遂相约合击帖木真。弘吉剌人德薛禅，帖木真之妻父也，遣人告变于帖木真。帖木真自斡难河附近之忽儿屯（Qurtun）海子迎战于捕鱼儿海子，击溃诸部之众。

---

① 月良兀惕秃剌思（Ölängut Turas），在今俄罗斯赤塔南鄂良古依河地。

是年，王罕驻冬于忽巴合牙（Qubaqaya）①之地，其弟克烈台（Keraïtai）而以唐兀称号札合敢不著名者，密与克烈部四将谋图其兄，事泄，王罕释不问，然札合敢不不自安，遂奔乃蛮，投大阳罕。

1201年春，蔑儿乞部长阿剌兀都儿（Alaq Udur）、泰亦赤兀部长合儿罕太师（Qarqan Taiši）、塔塔儿部长察兀忽儿（Ča´uqur）等合兵共击帖木真，帖木真迎击败之，尽掠其物而还。

是年，弘吉剌、亦乞剌思、火鲁剌思、朵儿边、塔塔儿、合塔斤、撒勒只兀诸部会于刊（Kan）河②，共立札木合为古儿汗（Gurqan）。古儿汗，犹言普汗也。已而会盟于兀勒灰（Ulğuï Bulaq）③，为誓曰："凡我同盟有泄此谋者，如岸之摧，如林之伐！"言毕同举足踢岸，挥刀斫林，驰众驱马，进击帖木真、王罕。有火鲁剌思人名豁里歹（Ğoridai）者，奔告帖木真，帖木真与王罕迎战，败之。札木合遁走，弘吉剌部降帖木真，已而复叛而去。

1202年春，帖木真自兀勒灰河进击塔塔儿部。塔塔儿时分六部，以都塔兀惕部为最强。帖木真未战之先，令于军曰："苟破敌逐北，见物勿取，须战毕共分之；若我军退至原布阵地，必翻回力战，否则斩！"遂战于答阑捏木儿格思（Dalan Nämurgäs）④，败阿勒赤塔塔儿、察罕塔塔儿两部之众。帖木真叔答里台，从叔阿勒坛，从弟忽察儿，违令掠物，帖木真命尽夺其所获，散之军中，三人遂怨，后投王

---

① 忽巴合牙（Qubaqaya），在今克鲁伦河上游。

② 刊（Kan）河，今内蒙古呼伦贝尔市根河。

③ 兀勒灰（Ulğuï Bulaq），今内蒙古东乌珠穆沁旗东乌拉盖郭勒，位于大兴安岭西。

④ 答阑捏木儿格思（Dalan Nämurgäs），在今内蒙古兴安盟阿尔山市哈拉哈河南。

罕所，唆使王罕与帖木真失和。

蔑儿乞部长脱黑脱阿自巴儿忽真还，进击帖木真，不胜，乞援于乃蛮部长弟不亦鲁。不亦鲁纠合泰亦赤兀、朵儿边、塔塔儿、合塔斤、撒勒只兀、斡亦剌诸部之众，于1202年秋，连兵进击王罕、帖木真。王罕、帖木真自兀勒灰河退走合剌温赤敦（Qara′un Čitun）山①中，诸部兵蹑迹入山，会大雪严寒，士卒四肢多僵冻，入夜人马纷坠悬崖下，及出险，至阔亦田（Köïtän）②之地，不复成列，乃各还本部。札木合率师来应，见事败，叹曰："天不佑我！"亦沿额儿古纳河而退，沿途掠诸部之立己为汗者。于是王罕追札木合，札木合旋降王罕。帖木真追泰亦赤兀部长汪忽哈忽出，汪忽哈忽出还起部众，渡斡难河整军以待。帖木真与战，颈被伤流血。日暮列阵对宿，泰亦赤兀部宵溃，帖木真遂尽杀汪忽哈忽出等之子孙。先是别速部人者别（Jäbä）③为泰亦赤兀部将，在阔亦田随众溃走，逃匿不出。帖木真一日出猎，偶见其在围中，欲进擒之。其将孛斡儿出请与之斗，帖木真以白口之马假之，孛斡儿出射者别不中，者别射较精，回射中马项骨折而毙，遂得脱走。至是困甚，遂降帖木真，帖木真知其勇，命为十夫长，后以功历擢为万夫长。

既而帖木真与王罕共会于阿剌勒（Aral）河畔，同逾金边墙，驻冬于合剌温赤敦山附近之阿勒赤阿晃火儿（Alči′a Qonğor）之地，此地昔为弘吉剌部驻冬之所，后日忽必烈（Qubilai）、阿里不哥（Ariq Böğä）兄弟二人会战之昔木勒台（Simultai）即在附近。帖木真为其长

---

① 合剌温赤敦（Qara′un Čitun）山，指大兴安岭。

② 阔亦田（Köïtän），具体位置不详，一说在今内蒙古呼伦贝尔市陈巴尔虎旗海拉尔河北岸支流莫尔格勒河北的辉腾山及其附近辉腾村一带。

③ 者别（Jäbä），也译哲别。

子拙赤求婚王罕之女察兀儿别乞（Ča'ur Bäki），并请以已女豁真别乞（Ǧočin Bäki）字鲜昆之子秃撒合（Tusaqa），然俱不谐。至是帖木真与王罕合作之事遂终，而帖木真独立之事业开始矣。

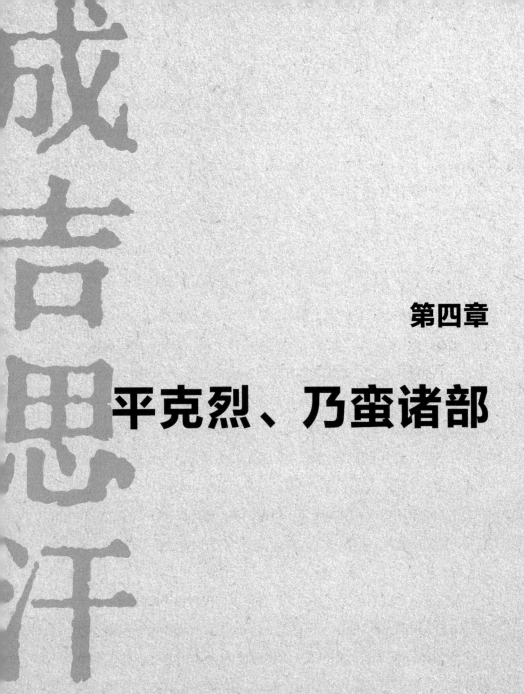

第四章

平克烈、乃蛮诸部

帖木真败乃蛮后，欲进击札木合。已而见王罕受札木合降，颇不悦。一日语王罕曰："我之附君，犹沙漠中之白翎雀，冬夏皆居北地；至汝其他诸臣，则如鸿雁，冬近向南飞矣。"（一说此语属札木合）王罕因疑札木合，而札木合亦乘双方婚事之不谐，谮帖木真于鲜昆，谓其密与乃蛮通谋，二人遂相约图之，并引来投王罕之帖木真叔父答里台、从叔阿勒坛、从弟忽察儿三人，及蒙古部长二人同谋。鲜昆以告王罕，王罕不从，鲜昆仍欲图之。1203年春，伪若许以己妹字拙赤，遣人往延帖木真来赴许婚宴，欲乘机擒之。帖木真信为实，偕十人往，路经晃豁坛人蒙力克额赤格帐。额赤格（ačigä），蒙古语犹言父，缘帖木真母月伦额格曾改嫁蒙力克，故帖木真称之为父也。蒙力克洞悉其诈，劝其勿赴，帖木真因推春间马瘦，遂折还。

鲜昆见帖木真不至，谋进袭之。有蒙古客里古惕（Käligut）部二人，曰乞失里黑（Qišliq），曰巴歹（Badai），牧马于阿勒坛弟也客扯连（Yäkäčärän）所，闻其谋，即夜驰赴帖木真所告变，帖木真亟弃其辎重，避于卯温都儿（Mau Undur）山[1]阴。明日午后，憩于合

---

[1] 卯温都儿（Mau Undur）山，在今内蒙古兴安盟阿尔山市哈拉哈河上源努木尔根河附近。

刺合勒只惕沙陀（Qalaqaljit ält）^①，遣人赴卯温都儿诇^②来兵。近山有红柳林，帖木真侄阿勒赤歹（Alčitai）有牧人二，适在彼处牧马，见克烈军至，急还报，帖木真亟上马备战。日甫出，两军已相见，帖木真士卒少，与诸将议退敌策，忙忽部人忽亦勒答儿率其部众奋勇先进，植其纛^③于敌后高岗上。主儿扯歹率兀鲁兀部继进，帖木真率余军进援。克烈部之只儿斤部，在克烈诸部中为最勇，先退，董合亦惕部亦却，蒙古军进逼王罕获卫，主儿扯歹射鲜昆中其腮。唯蒙古军终以众寡不敌，忽亦勒答儿受伤坠马，帖木真亟引军沿兀勒灰河上行，退入答阑捏木儿格思之地。王罕亦退。既而帖木真溃卒稍集，得四千六百人，循合勒合（Qalqa）河^④行，猎以求食。忽亦勒答儿创重死，在合勒合河入捕鱼儿海子处，招降弘吉剌之一部。已而进营于统格（Tongä）水畔，遣使赴王罕所而责之曰：

　　"汗父！昔不亦鲁汗死后，汝据大位，杀兄弟二人，汝叔古儿汗逼汝走合剌温隘（Qara'un Qabčal），汝在其地被围，非我父汝安能脱？我父以援兵授汝，汝借此兵击走古儿汗，迫之仅余二三十人，逃往河西之地，不复归。由是汝与我父结为安答，而我尊汝为汗父，是我有造于汝者一也！

　　"汝为乃蛮所攻，汝弟札合敢不在女真境，我亟遣人召还；在中道又为蔑儿乞部人所逼，我曾因此杀兄诛弟，此我有造于汝者二也！

　　"汝困迫来归时，衣弊见体，如日之穿云，饥疲行迟，如火之将

────────────────

① 合剌合勒只惕沙陀（Qalaqaljit ält），在今内蒙古东乌珠穆沁旗北境。

② 诇，侦察，刺探。

③ 纛（dào），古代军队里的大旗。

④ 合勒合（Qalqa）河，今内蒙古哈拉哈河，发源于大兴安岭西侧，是中国同蒙古国的界河，最终流入呼伦湖。

息，我即起兵进击营于木鲁彻之诸部，夺其羊马辎重，悉以付汝。汝前瘦弱，半月之间使汝丰肥，此我有造于汝者三也！

"蔑儿乞部营于不兀剌川之时，我曾遣使至脱黑脱阿所，名曰使者，实为间谍；汝乘机进击此部，不先告我，夺脱黑脱阿与其弟之妻，掳其弟与子，掠忽都亦惕蔑儿乞部，而不以一物馈我。已而可克薛兀、撒卜剌黑率乃蛮部众掠汝之民，我遣四杰率兵战败之，尽归所掠于汝，是我有造于汝者四也！

"我如山鹰，飞逾捕鱼儿海子，为汝捕青足灰羽之鹤，此为谁？朵儿边、塔塔儿两部是也。旋又逾阔连海子^①，为汝捕青足之鹤，此为谁？合塔斤、撒勒只兀、弘吉剌三部是也。是我有造于汝者五也！

"汗父！汝应忆及勺儿合勒崑（Jorqal-qun）山侧合剌（Qara）河畔我二人互约之语，如有毒蛇处我二人之间，使我二人语言奋激，勿中其计，绝交以前，必须当面剖诉。然汝不先察人言，而欲绝我，遽以我为汝降服之诸部而攻我，不求宁息，使汝诸子安卧。我为汝子，从未言所得过少，意欲加多，亦未言所得过劣，意欲更善。譬如一车双轮，偶碎其一，强使驾车之牛努力引车，必致伤颈。解其羁勒，车既不行，盗必取之。不解羁勒，则牛将饿毙。我非汝车之一轮乎？"（此据剌失德丁书，故与前述之事微有出入。）

帖木真并命使者传语于其从父阿勒坛及从弟忽察儿曰："汝等今欲杀我，然我先曾语把儿坛把阿秃儿诸子及撒察泰出等曰：讵可使斡难河之地无主，屡让为君，而不听也。我曾语汝忽察儿曰：汝为捏坤太师子，当立汝，汝父不听。复语汝阿勒坛曰：汝为忽图剌汗子，位当属汝，汝亦不欲。我之立，实受一致之推戴；而我不辞者，特欲保

---

① 阔连海子，即今呼伦湖。

存父祖之遗业风习，俾三河之源祖宗所居之地，勿令外人居之。我既为多民之长，应使属我者必有所得，所以夺取畜帐妇孺以馈汝等，为汝等围驱野兽于山野中。汝等今事王罕，应知王罕性无常，遇我尚如此，况汝辈乎！"

帖木真前在战中失其银鞍骅色马，命使者索还。请王罕、鲜昆、札木合、忽察儿、阿勒坛及其他诸部长等各遣使一人来议和解事，约会于捕鱼儿湖附近。

王罕闻使者语，责其子不从其向者之言。鲜昆曰："事势至今日，必不可已，唯有竭力战斗，我胜则并彼，彼胜则并我。"遂代诸人答帖木真使者，谓不遣人去，将以战决之。

先是帖木真于合刺合勒只惕战败后，退至巴泐渚纳（Baljuna）水①畔。水几尽涸，仅余泥汁可饮。帖木真见从者在患难中尚相从不去，乃合手望天而誓众曰："自是以后，愿同诸人共甘苦，如背此盟，则如此水！"当时共饮此水者，后皆有饮水巴泐渚纳功臣之号。至是遣使王罕后，复进兵至巴泐渚纳水畔。

王罕于合刺合勒只惕战后，营于合亦惕豁勒合惕沙陀（Qaït-Ğolğat-Ält），答里台、阿勒坛、忽察儿、札木合及塔塔儿部长忽秃帖木儿（Qutu Tämur）相与谋害王罕。王罕闻其谋，迎讨之，夺其辎重。于是答里台与克烈部之一部及蒙古、尼伦之一部归帖木真。阿勒坛、忽察儿、忽秃帖木儿等奔乃蛮。

1203年，帖木真驻夏于巴泐渚纳。是秋，集兵于斡难河附近，谋击王罕。其弟拙赤合撒儿自合刺合勒只惕战后，尽丧所有，并及妻子，猎以求食。至是至巴泐渚纳与帖木真会。帖木真欲以计袭王罕，

---

① 巴泐渚纳（Baljuna）水，又译班朱尼河，在今内蒙古呼伦河西南。

命拙赤合撒儿之仆二人往王罕所，假为拙赤合撒儿之语曰："我兄今既不知所在，我之妻子又在汗所，我孤身野宿已久，庇以树枝，枕以土块，今欲与妻子相聚，不知汗意如何？倘弃我前愆，念我旧好，即束手来归矣。"

王罕信之，因遣随侍之亦秃儿坚部一人往，以牛角盛血与之盟。二使偕克烈使者还，遥见帖木真纛，恐克烈使者逃回告变，遂下骑，伪言马蹄有石，请克烈使者亦下骑执马蹄，俾能取石出。会帖木真至，执克烈使者，命二使为向导，率军夜行至者额儿温都儿（Jäjä´är undur）山①，出不意袭破王罕军。王罕父子脱走，行至涅坤兀速（Näkun usu），王罕独入饮水，为乃蛮戍将豁里速别赤（Ğorisubäči）所执杀，以首献乃蛮汗。乃蛮汗见此老汗被害，既怒且惜，乃以银嵌其首而保存之。札合敢不降帖木真，献其二女：长女亦巴合（Ibaqa），帖木真自纳之，后赐主儿扯歹；次女莎儿合黑塔泥（Sorğaqtani），以赐拖雷，后生蒙哥（Monka）、忽必烈、旭烈兀诸子。

鲜昆知父被害，遂走西夏，至波黎吐番（Buri-Tubät），日剽掠以自资。既而亦为西夏所攻，走西域曲先（Küsän）②之地，为合剌赤（Qalač）部主黑邻赤合剌（Qylinč-Qara）所杀，并及其妻子，克烈部亡。

帖木真并克烈部后，遂与乃蛮境地相接。大阳汗忌帖木真势日盛，遣使月忽难（Yohunan）至汪古部，约汪古部长阿剌忽失的吉忽

---

① 者额儿温都儿（Jäjä´är undur）山，又作折折运都山，在今蒙古国境内克鲁伦河上游南。

② 曲先（Küsän），又作苦先，在今新疆库车县。

里（Alaquš-tägin-quri），共击此林木中之汗。缘蒙古人居地多林木，故以此名轻之也。阿剌忽失不从，以其谋告帖木真，帖木真遂约与亲好，共图乃蛮。

1204年春，帖木真议伐乃蛮，众谓方春马瘦，俟秋高马肥然后进兵。然帖木真弟帖木格干赤斤、别勒古台二人曰："乃蛮自矜欲夺我之弓矢，何可以马瘦为辞，亟应进兵，先伐制之。乃蛮虽地大畜众，然不足畏，乘此攻之，俾后人云我辈已擒大阳汗也。"帖木真是其言，遂进兵。未至乃蛮境，顿兵驻夏。及秋，复进兵。大阳汗至自阿勒台山，营于杭海（Qanğai）山①下，与蔑儿乞部长脱黑脱阿、克烈别部部长阿邻太师（Alin Taiši）、斡亦剌部长忽都合别乞（Qutuqa Bäki）、札只剌部长札木合，暨塔塔儿、合塔斤、撒勒只兀诸部合兵，两军相距不远。时帖木真营有马惊走敌军中，乃蛮见马瘦，以为蒙古骑弱，大阳汗与众谋，欲诱敌深入，待其更疲，然后击之。乃蛮将豁里速别赤怒曰："汗父亦难赤汗勇战不回，其背及马后，从未使敌见之。"大阳汗为所激，乃弃其诱兵之策。

两军既见，帖木真命弟拙赤合撒儿主中军，而自列阵备战。札木合见蒙古军容严整，谓其左右曰："乃蛮视此军若群羊，以为能灭之，不使留蹄皮，今我观其气势，殆非往时矣。"遂引所部兵遁去。是日蒙古与乃蛮战于一狭谷中，胜负久未决，至晡，乃蛮始败走，乃蛮王负伤，退至一山，昏绝，诸将呼之不醒。豁里速别赤且言其宠妻古儿别速（Gurbäsu）（《元秘史》谓其人为大阳汗母）在其帐中盛装以待，大阳汗流血过多，卧地，仍不醒。豁里速别赤乃谓诸将曰："与其见之死，勿宁回战，使汗先见吾属死。"遂同下山与蒙古军苦

---

① 杭海（Qanğai）山，今蒙古国西南杭爱山。

战。帖木真见其勇不畏死，欲免之；诸将拒不降，皆殁于阵。获古儿别速，帖木真纳之。乃蛮军溃走纳忽（Naqu）山①诸险地，夜中坠崖，死者不可胜计。

蒙古军擒大阳汗傅塔塔统阿（Tatatonga），畏吾儿人也。帖木真问其怀大阳汗印欲何之？对曰："臣职也，将以死守，欲求故主授之耳。"帖木真嘉其忠，问是印何用？对曰："出纳钱谷，委任人材，一切事皆用之，以为信验耳。"帖木真善之，命居左右。询知其深通本国文字，遂命教诸子弟以畏吾儿字书蒙古语。似自是以后蒙古始用文字印章。失吉忽秃忽后为大断事官，掌管户口青册。其所用文字，疑为塔塔统阿所授也。

是役也，为蒙古诸部久忆不忘之一战。拙赤合撒儿将中军，功最大，帖木真赏其勋，立之于其他诸亲王上。战后，塔塔儿、朵儿边、合塔斤、撒勒只兀诸部皆降，唯蔑儿乞部不降逃走。大阳汗子屈出律（Küčluk）及兀都亦惕蔑儿乞部长脱黑脱阿逃依不亦鲁汗。

蒙古军追逐蔑儿乞部至塔儿（Tar）河②，兀洼思蔑儿乞部长答亦儿兀孙（Daïr-Usun）不战率所部降，献女忽兰（Qulan）于帖木真。帖木真分其部众，以百人为队，共置一将以统之，命守辎重。军行后，兀洼思部人复叛走。

蒙古军进击兀都亦惕蔑儿乞部余众于台合勒（Taiqal）寨，降之。已而蔑儿乞诸别部皆降。帖木真以所获脱黑脱阿子忽秃之妻朵列格捏（Dorägänä）赐窝阔台。后生贵由（Guyuk）汗。

---

① 纳忽（Naqu）山，在今蒙古国塔米尔河流入鄂尔浑河地带以东。
② 塔儿（Tar）河，今内蒙古科尔沁右翼前旗境内的洮儿河。

札只剌部长札木合失其部众，逃傥鲁（Tanlu）山①中，其左右执以献帖木真。帖木真诛执献之人，罪其卖主也。已而札木合死。关于其死之传说不一：《元秘史》谓帖木真从其请，以不出血之死法毙之。剌失德丁书则谓以札木合及其亲属付其侄阿勒赤台杀之，闻曾断其肢体。札木合死时曾曰："斩之诚当！我得敌待之亦如是也！"语毕自呈其肢体于行刑之人，促速断之。

漠北诸部至是或降或灭，仅余若干塔塔儿部落未平。帖木真遣军讨之，以此部为世仇，命尽歼灭，勿遗一人。帖木真有二妃，曰也速干（Yisugan），曰也速仑（Yisulun），姊妹皆塔塔儿部人；诸将之妻亦有数人属塔塔儿部，故塔塔儿部之童稚获免者不少。拙赤合撒儿妻亦塔塔儿部人也，密救应屠之塔塔儿部千人，获免者五百。

当时帖木真所混一者，皆游牧部落，所获者人畜牧地而已。此后遂侵入城郭之国，首经其兵侵者为西夏。1205年，帖木真借词西夏纳克烈部长子鲜昆，兴师致讨，大获而还，得骆驼甚众。

---

① 傥鲁（Tanlu）山，今唐努山。

成吉思汗传

第五章

降西北诸部
及取西辽

帖木真既混一漠北诸部，重兴前此突厥、回纥之大国，自应有其适应此大国君主之尊号。1206年，集群臣于斡难河源开大会（Quriltai）。晃豁坛部人蒙力克之子阔阔出（Kököču）为珊蛮，托神言曰："昔者具有古儿汗尊号之数主皆已败亡，其称不祥；兹奉天命，诏帖木真为成吉思汗。"群臣遂上帖木真尊号为成吉思汗。成吉思之义，或谓刚强，或谓为田吉思（tongiz，dongiz）之转，犹言海洋。与蒙古语之答来（dalai）为义同也。

阔阔出别号帖卜腾格里（Täp-Tängri），犹言天象。绐蒙古人，谓常乘马至天上，蒙古诸部颇尊崇之，其势与帖木真埒。致挞拙赤合撒儿，而强帖木格斡赤斤跪而自承己过。对帖木真放言无忌。帖木真初假其力，至是颇恶之。命其弟拙赤合撒儿俟其入帐发言无状时杀之。已而阔阔出入谒帖木真，妄言犹昔，拙赤合撒儿遂蹴之出毙之。一说帖木格斡赤斤伏力士三人于帐外，执之出，力士等断其脊毙之。阔阔出父蒙力克，因为帖木真母月伦额格之后夫，释不问。蒙力克共有子七人，三子皆为千户，以脱栾（Tolun）最知名。

成吉思汗即位后，大封功臣，授千户之号者九十五人。功最大者，为孛斡儿出、木华黎、孛罗忽勒、赤剌温四人，号"四杰"。忽必来、者勒蔑、者别、速不台四人，号"四狗"。与主儿扯歹及前死之忽亦勒答儿等十功臣，所封户口号曰十投下[①]。以李斡儿出为右手万户，木华黎为左手万户，纳牙阿（Naya'a）为中军万户，失吉忽秃忽为大断事官。

大会之后，成吉思汗发兵征乃蛮余众。时不亦鲁已袭汗号，避居巴勒哈失（Balqaš）海子附近。一日，猎于小金山西支兀鲁塔黑（Uluğ-tağ，此言大山）附近之莎豁黑（Soğoq）水上，蒙古兵至，出其不意，袭擒杀之，尽获其眷属牲畜。其侄屈出律，大阳汗子也，与蔑儿乞部长脱黑脱阿遁走额儿的失（Ärtiš，lrtiš）河[②]上。

1207年，成吉思汗再征西夏，克其兀剌孩（Urağai）城[③]而还。

同年遣使者二人往谕乞儿吉思、谦谦州两部之主来降。时两部各有部长，并号亦纳勒（Inal）。剌失德丁著其一部长名，曰斡罗思亦纳勒（Oros-Inal），《元秘史》曰也迪亦纳勒（Yäti-Inal），曰阿勒迪额儿斡列别克的斤（Alti'är Orä-Bäk-tägin），并遣使献白海青于成吉思汗。

1208年秋，再征屈出律及脱黑脱阿。时斡亦剌部长忽秃合别乞遇蒙古军，不战而降，因用为向导。至额儿的失河，及蔑儿乞部，蒙古军与战，败之，脱黑脱阿中流矢死。其弟与其诸子逃畏吾儿国，屈出律奔西辽。

1209年，成吉思汗三征西夏，薄其都城中兴府（即额里合牙Ariqaya）[④]，引河水灌之。堤决水外溃，遂撤围去。遣人入中兴招谕

① 投下，蒙古部分封给诸王、公主、驸马及功臣勋贵的封土或食邑。
② 额儿的失（Ärtiš，lrtiš）河，今额尔齐斯河。
③ 兀剌孩（Urağai）城，又作斡罗孩城、兀剌海城。在今内蒙古自治区乌拉特中旗西南狼山隘口。
④ 中兴府（即额里合牙Ariqaya），在今宁夏银川市。

夏主，夏主纳女请和。

畏吾儿主号亦都护（Idig-qut），先是臣附西辽，西辽置一长官以监其国。成吉思汗平定漠北诸部时，畏吾儿亦都护名巴而术阿而忒的斤（Barčuq-Art-tägin），以西辽所置长官名少监（Sok-äm）者暴敛，不能堪。1209年，遂杀少监于合剌火州。火州者，高昌之转音也。1210年夏，成吉思汗闻其事，遣阿勒卜兀秃黑（Alb-Utuq）、答儿伯（Darbai）二人使其国。亦都护厚礼使者，命近臣二人偕使者入朝成吉思汗，致其诚款曰："比闻威望，将遣使通诚；不意使者降临，喜出望外；譬如云开日现，重睹新光；冰泮得见清水；失望之余，继以欢欣。自今日后，当尽率部众，愿为子为仆。"

先是脱黑脱阿之弟与四子败后投畏吾儿，畏吾儿不纳。1211年春，成吉思汗三征唐兀还其斡耳朵（ordo）[①]时，畏吾儿亦都护亦奉珍宝来觐。同年，哈剌鲁部长阿儿思兰（Arslan）、阿力麻里的斤斡匝儿（Ozar）并来朝。先是此二部并为西辽藩臣，至是皆降成吉思汗，成吉思汗以其女阿勒阿勒屯别吉（AI-AItun Bägi）字畏吾儿亦都护，以宗女字阿儿思兰。已而斡匝儿还国，在猎中为屈出律所执杀。成吉思汗命斡匝儿子昔格纳黑的斤（Signaq tägin）袭父位，以长子拙赤之女字之。

自1211年至1217年间，成吉思汗适在侵略金国（见第六章），无暇顾及西北诸部。1217年，始命速不台往征蔑儿乞余部之在西域者。蔑儿乞部长脱黑脱阿之四子既为畏吾儿亦都护所拒，复西奔，至是速不台追及之于康里之地，尽灭蔑儿乞部，杀脱黑脱阿之二子，虏其

---

① 斡耳朵（ordo），突厥-蒙古语，意为宫帐、宫殿。又有斡鲁朵、斡里朵、兀鲁朵、窝里陀等不同译名。

第三子忽勒秃罕（Qultuğan），仅其长子忽秃得脱走，奔投钦察，速不台执忽勒秃罕以献成吉思汗长子拙赤。忽勒秃罕善射，号蔑儿干（Märgan）。拙赤欲见其能，命之射，忽勒秃罕发矢中的，继发第二矢中前矢，拙赤惊其能，遣使求其父，请免其死。成吉思汗以敌种不可留，遂杀之。

秃马惕部地与乞儿吉思相接，先降复叛。1217年，成吉思汗命孛罗忽勒往讨之。孛罗忽勒前行迷道，为秃马惕部人所杀。成吉思汗复命朵儿伯朵黑申（Dorbädoqsin）往讨平之。

蒙古军之讨秃马惕也，征兵于其邻乞儿吉思部，乞儿吉思部不从，亦叛去。1218年，成吉思汗命长子拙赤往讨，拙赤涉谦河冰，讨平乞儿吉思部，因克乞儿速惕、合卜合纳思（Qabqanas）、帖良兀惕、客失的迷及槐因亦儿坚等部。

同年，成吉思汗四征西夏，进围中兴府，夏主奔西凉①。蒙古语名西凉曰额里折兀（Äričă´u）。

至是，成吉思汗遂欲进取西辽，时乃蛮汗子屈出律已据西辽帝位有七年矣。

先是1122年时，辽之宗室耶律大石者，率骑二百西奔，经白达达部（汪古）而至别失八里，会十八部王众，谕以国为金破，今仗义而西，欲借力诸藩，遂得精兵万余。十八部名之可考者，有王纪剌（弘吉剌）、茶赤剌（札只剌）、密儿纪（蔑儿乞）。此外《辽史》本纪中部名与梅里急（蔑儿乞）并列者，尚有粘八葛。此名在《金史》中作粘拔恩。疑皆属契丹语乃蛮之称。具见当时随耶律大石西

---

① 西凉，即今甘肃省武威市。

去者，颇有不少蒙古、突厥部落。1123年，耶律大石西进，假道回鹘（畏吾儿）。回鹘王毕勒哥（Bilga）迎之至邸，献马驼，愿质子孙为附庸，送至境外。耶律大石遂历取合失合儿（Kašğar）①、鸭儿看（Yarkand）②、忽炭（Qotan，Khotan）③、途鲁吉（Turki）诸地。时途鲁吉地属河中汗。至是河中汗仅保河中，而称臣于耶律大石。已而花剌子模亦为耶律大石之兵所残破，其主阿即思（Aziz）请和，年纳岁币三万底纳儿（dinar）。由是东自戈壁，西起阿母阿之地，尽属耶律大石。1124年，大石遂即帝位，号古儿汗（Gurqan）。在位二十年，改元二，曰延庆，曰康国。1143年殁，庙号德宗。子夷列年幼，遗命皇后塔不烟权国称制，号感天皇后，改元咸清，在位七年。子夷列即位，改元绍兴。在位十三年殁，庙号仁宗。子幼，遗诏以妹普速完权国称制，改元崇福，号承天皇后。在位十四年，为人所杀。1178年，仁宗次子直鲁古即位，改元天禧。1208年，乃蛮汗子屈出律来投时，直鲁古在位三十年矣。屈出律至，直鲁古厚待之，并以女妻之。

直鲁古年老，专事游宴畋猎，不理政事。诸藩国若畏吾儿、哈剌鲁、河中、花剌子模诸国，皆欲离叛。至是屈出律亦谋夺其位，诱数将使从己，并进言于直鲁古曰："乃蛮旧部流亡于叶密立（Imil）④、海押立（Qayaliq）⑤、别失八里三地之间，愿往招致之，俾为国用。"直鲁古喜从之，授以汗号，厚赠以赆其行。

① 合失合儿（Kašğar），又作可失合儿、疏勒，今新疆喀什市。
② 鸭儿看（Yarkand），又作鸦儿看、押儿牟、牙儿干、叶尔羌等，今新疆莎车县。
③ 忽炭（Qotan，Khotan），今新疆和田市。
④ 叶密立（Imil），在今新疆额敏县东南额敏河南岸。
⑤ 海押立（Qayaliq），在今哈萨克斯坦巴尔喀什湖东南、塔尔迪库尔干附近。

屈出律至上述诸地，乃蛮旧部皆相率投其麾下，蔑儿乞部余众亦来从。屈出律率之西向，入西辽境，即纵掠，然其军尚微，不足借以得国也。时花剌子模算端（sultan）摩诃末（Muhammad）已脱西辽属藩，河中汗斡思蛮（Osman）且臣附之，其势浸强。屈出律乃约花剌子模算端共图西辽，许事成以西方之地界之。会西辽以斡思蛮叛去，遣军进讨，摩诃末亟往救，未至，西辽军已解围去。盖屈出律亦叛，故召此军还也。

屈出律乘西辽之进兵河中，遂率所部进掠讹迹邗（Ozkand）[①]城中西辽主之宝藏，已而欲进袭西辽都城八剌撒浑（Balasa ǧun），西辽主率军与战，大破之于真不只（Činbuje）河畔。

当斯时也，摩诃末已与斡思蛮联军侵入西辽境，败西辽将塔尼古（Tanigu）之军于塔剌思（Talaz）河[②]，塔尼古被擒，西辽军溃还。八剌撒浑之民欲附摩诃末，闭城不纳古儿汗军。古儿汗攻十六日，拔之，屠居民四万七千人。

时西辽既遭兵祸，帑藏空虚。西辽将马合谋伯（Mahmud Bai）者，富有资财，恐西辽主征求财货于己，乃献议强将卒以所夺还于屈出律之财货入官，诸将遂怨而离去。屈出律乘古儿汗之将卒离散，于1211或1212年间，袭执西辽主，然仍留其帝号，敬事之至死不衰。后二年直鲁古死。

屈出律既据西辽，欲使阿力麻里的斤斡匝儿附己，数以军讨之，终乘其出猎，袭擒杀之。合失合儿、忽炭两地亦不附。先是直鲁古执

---

① 讹迹邗（Ozkand），今吉尔吉斯斯坦乌兹根。
② 塔剌思（Talaz）河，今位于吉尔吉斯斯坦西部、哈萨克斯坦南部的塔拉斯河。

合失合儿汗子投之狱，至是屈出律释之归；汗子甫抵合失合儿城门，为城人所杀。屈出律遂遣军残破其地，毁禾稼而去，如是者二三年，合失合儿人民饥困，不得已遂降。乃蛮部人多信景教，至是屈出律又从其妇古儿汗女之言，信奉佛教。及其征服忽炭之时，欲强其民弃伊斯兰教而改从景教、佛教，聚伊斯兰教教师与之辩论教义。伊斯兰教教师有为其教热烈辩护者，屈出律怒其抗命，遂詈及伊斯兰教教主摩诃末（Muhammad）。教长恚甚，厉声斥之，屈出律命拘其人，施以拷掠，强其改教。不从，被钉于所居道院之门而死。自是以后，屈出律虐遇国内之伊斯兰教徒。

1218年，成吉思汗命者别率二万骑进讨屈出律，败之于碎叶城（Toqmaq）①附近。屈出律逃合失合儿。者别宣布信教自由，西辽人民大悦。诸城民尽屠屈出律士卒之居民舍者。者别追逐屈出律，及之于撒里黑豁勒（Sariq-Ğol），擒斩之。

成吉思汗闻者别胜敌之讯，遣使谕之曰："勿因胜而骄，王罕、大阳汗、屈出律等皆因骄而致败亡也。"者别先是未降成吉思汗时，曾射毙汗之一马，至是取西辽获良马千匹以献，而偿前此所毙汗马之失。

于是成吉思汗斥地至于西辽境界，与花剌子模算端之壤地相接。

---

① 碎叶城（Toqmaq），在今吉尔吉斯斯坦首都比什凯克以东，楚河流域的托克马克市附近。

第六章

侵略金国

先是成吉思汗称臣而纳岁贡于金。1208年时，金主使卫王允济受贡于静州，汗见允济不为礼，允济归，欲请兵攻之。会金主璟殂，允济嗣位，有诏至蒙古，传言当拜受。汗问金使曰："新君为谁？"金使曰："卫王也。"汗遽南面唾曰："我谓中原皇帝是天上人做，此等庸懦亦为之耶？何以拜为！"即乘马北去，遂决意南侵。

1211年，成吉思汗命脱忽察儿（Toqučar）率骑二千留守其斡耳朵；自率诸部之兵发自怯绿连河，南侵金国。出师以前，登一高山，祈天之助，解带置项后，跪祷曰："阿勒坛汗（Altan-qan，金主）辱杀我从祖巴儿合黑、俺巴孩二人，若天许复仇，请命人神助我！"

于是渡大漠而至汪古部，汪古部长前为金守边墙者，亦叛金，导蒙古兵入界垣。先是金将纳合买住守北鄙，知蒙古将侵边，奔告于金主，金主以其擅生边隙，囚之。及蒙古兵入，乃释买住，遣使求和，成吉思汗不许。

蒙古军遂克大水泺①，进拔乌沙堡②，及桓、抚③等州；攻西京④凡七日，金留守胡沙虎弃城突围遁去；蒙古军以精骑三千蹑其后，金兵

---

① 大水泺，在今内蒙古乌兰察布商都县。

② 乌沙堡，在今河北张北县西。

③ 桓州，在今内蒙古锡林郭勒盟正蓝旗。抚州，在今河北省张家口市张北县。

④ 西京，今山西大同。

大败。进至翠屏口，成吉思汗复遣长子拙赤、次子察合台、三子窝阔台率兵分取云内、东胜、武、朔、圭、靖等州[1]，及遣者别率兵取东京[2]。者别见城坚难下，即引退五百里，留其辎重，选良马，急驰还袭取其城，大掠而归。

成吉思汗之将发抚州也，金人命招讨使完颜九斤监军，完颜万奴率大军设备于野狐岭[3]，又命参政胡沙率军为后继。契丹军师谓九斤曰："闻彼新破抚州，以所获物分赐军中；马牧于野，出不虞之际，宜速骑以淹之。"九斤曰："此危道也，不若马步俱进，为计万全。"成吉思汗闻之，进兵于獾儿嘴[4]。九斤命麾下明安问蒙古举兵之故，明安反降于蒙古；蒙古军遂与九斤等战，金兵大败，人马蹂躏，死者不可胜计。胡沙不敢拒战，引兵南行，蒙古兵踵击之，至会河堡[5]，金兵又大败，胡沙仅以身免，走宣德[6]。蒙古兵破宣德，至德兴府[7]，失利引却。成吉思汗第四子拖雷与驸马赤渠（Čigu）率军尽克德兴境内诸堡而还，后金人复收之。

1213年秋，蒙古军复破德兴，遂进军至怀来，金帅术虎高琪与战败走。成吉思汗留怯台（Kätai）、薄察（Boča？）二将屯兵居庸北口，自将别众西行由紫荆口[8]出。金主闻之，遣大将奥屯拒守。金兵

---

① 云内州，治今内蒙古呼和浩特市土默特左旗东南。东胜州，治今内蒙古呼和浩特市托克托县。武州，治今山西忻州市五寨县北。朔州，治今山西省朔州市。丰州，治今内蒙古呼和浩特东。靖州，"靖"又作"净""静""埩"，治今内蒙古乌兰察布市四子王旗。
② 东京，今辽宁省辽阳市。
③ 野狐岭，在今河北张家口市万全区西北。
④ 獾儿嘴，在今河北张家口市张北县南50余里处。
⑤ 会河堡，在今河北张家口市怀安县。
⑥ 宣德，治今河北张家口市宣化区。
⑦ 德兴府，治今河北张家口市涿鹿县。
⑧ 紫荆口，在今河北省保定市易县紫荆岭上。

比至，蒙古军已渡关矣。成吉思汗命者别率众攻居庸南口，出其不备拔之，进兵至北口，与怯台、薄察军合。既而又遣诸部精兵五千骑，令怯台、哈台（Qatai）二将围守中都，成吉思汗自率兵攻涿、易二州，即日拔之。乃分军为三道，拙赤、察合台、窝阔台将右军循太行而南，抵黄河大掠而还。拙赤合撒儿等将左军，遵海而东，破沿海诸地而还。成吉思汗自与四子拖雷率诸部军由中道蹂诸州，北还以逼中都。时山东、河北诸府州尽拔，唯十一城不下，河东州县亦多残破。

是年8月，金中都乱起，胡沙虎杀金主允济，迎立昇王珣，蒙古乘胜逼中都，胡沙虎命术虎高琪以糺军五千拒之；高琪失期不至，胡沙虎欲斩之，金主谕令免死；胡沙虎乃益其兵，令出战以赎罪。高琪出战大溃，恐见罪，乃以军入中都，杀胡沙虎。金主赦高琪罪，以为左副元帅。

1214年，成吉思汗既自山东还屯中都之北。诸将请乘胜破中都，成吉思汗不从，遣使告金主曰："汝山东、河北郡县悉为我有，汝所守唯燕京（中都）耳！天既弱汝，我复迫汝于险，天其谓我何！我今还军，汝不能犒师以弭我诸将之怒耶？"高琪言于金主曰："鞑靼人马疲病，当决一战。"完颜福兴曰："不可，我军身在都城，家属多居诸路，其心向背未可知；战败必散，苟胜亦思妻子而去，祖宗社稷安危在此举矣！今莫若遣使议和，待彼还军，更为之计。"金主然之，遂遣福兴求和；因以故主允济女及金帛、童男女各五百、马三千与之，令福兴送至野麻池而还。成吉思汗出居庸时，收所虏山东两河少壮男女数十万皆杀之。

成吉思汗之侵金也，辽东之契丹亦叛。契丹人耶律留哥者仕金为北边千户。蒙古兵起，金人疑辽遗民有他志，留哥不自安，1212年遁至隆安，聚众以叛。会成吉思汗命阿勒赤那颜（Alčinoyan）行军至辽，遇留哥率军来附，二人遂相约图金。于金山刑白马白牛登高北望，折矢以盟。1213年，金人遣完颜胡沙率军来讨留哥，并悬赏以购其骨。留哥乞援于蒙古，成吉思汗命阿勒赤以千骑助之，大败金兵；留哥以所俘辎重献成吉思汗，而自立为辽王。后降蒙古，成吉思汗以为元帅，令居广宁。

金主以国蹙兵弱，不能守中都，乃议迁于南京汴梁，谏者皆不纳。1214年5月，命完颜福兴、抹捻尽忠奉太子守忠留守中都，遂与六宫启行。成吉思汗闻之怒曰：“既和而迁，是有疑心，而不释憾，特以解和为款我之计耳。”复图南侵。

金主至良乡，令护卫纠军元给铠马悉复还官；纠军皆怨，遂作乱，杀其主帅，共推斫答（Čöda）、比涉儿（Bišär）、札剌儿（Jalar）为帅，叛还北。完颜福兴闻变，以兵阻卢沟，斫答击败之，遣使乞降于蒙古。成吉思汗命撒勒只兀部人三木合拔都（Samuqa Ba′atur）领契丹先锋将明安等援斫答，合其兵围中都。金主闻之，遣人召太子赴汴，中都益惧。

中都被围既久，完颜福兴悉以兵付抹捻尽忠，而自总持大纲，遣人以矾写奏告急；金主命永锡、庆寿、李英等将兵运粮，分道还救中都。1215年3月，李英被酒与蒙古兵遇于霸州，大败，尽失所运粮，英死，庆寿、永锡军闻之皆溃归。自是中都援绝，城中无粮，人自相食。5月福兴约尽忠同死，尽忠不从，福兴自仰药死。中都妃嫔闻尽忠将南奔，皆欲偕行，尽忠绐之曰：我当先出，与诸妃启途。挈其所亲先出，不复反顾。蒙古兵遂入中都，吏民死者甚众，宫室为乱兵所焚，火月余不灭。时成吉思汗在桓州，闻中都陷，遣使劳明安等，而辇其府库之实北去。

中都陷后，得契丹人耶律楚材。成吉思汗闻其名，召见之。楚材身长八尺，美髯宏声，汗伟之曰："辽金世仇，朕为汝雪之！"对曰："臣父祖尝委质事之，臣敢仇君耶！"汗重其言，处之左右，遂呼楚材曰吾图撒合里（Utu sağol），蒙古语犹言长髯也。先是得畏吾儿人塔塔统阿，蒙古始知西域文化；至是得耶律楚材，因又知中国文化。故后此多用畏吾儿人及契丹人。蒙古好杀，楚材尝谏止之，多所全活。楚材通术数，成吉思汗每用兵必令之预卜吉凶，亦自灼羊胛以符之。

1215年，成吉思汗驻军鱼儿泺，遣三木合拔都率蒙古兵万骑，自西夏趋京兆以攻潼关，不能下；乃由嵩山小路趋汝州，遇山涧辄以铁枪相锁，连接为桥以渡，遂赴汴京。金主急召花帽军于山东，蒙古兵至杏花营，距汴京二十里，花帽军击败之。蒙古兵还至陕州，适河冰合，遂渡而北。金人专守关辅。时蒙古兵所向皆下，金主遣使求和，蒙古欲许之，谓三木合曰："譬如围场中獐鹿吾已取之矣，独余一兔，盍遂全之。"三木合耻于无功，不从，遣人谓金主曰："若欲议和，以河北、山东未下诸城来献，及去帝号称臣，当封汝为王。"议遂不成。

同年木华黎进攻金之北京大宁，金守将银青率兵御于花道，败还；婴城自守，其下杀银青，推寅答虎为帅，遂举城投降。木华黎怒其降缓，欲坑之。萧也先曰："北京为辽西重镇，既降而坑之，后岂有降者乎！"木华黎从之。奏寅答虎权北京留守，以撒勒只兀部人吾也而（Uyär）权兵马帅府事以镇之。

先是去年锦州张鲸聚众十余万，杀其节度使，自立为王；已而降成吉思汗。是年，成吉思汗命鲸率万人从脱栾南征未附州郡。木华黎密察鲸有反侧意，请以萧也先监其军；至平州，鲸称疾逗留，复谋遁去，萧也先执送汗所诛之。1216年，鲸弟致愤其兄被杀，据锦州叛，木华黎率蒙古不花（Mungu Buqa）等军讨之，以计败致军，进围锦州，致部将缚致出降，伏诛。

辽西既平，成吉思汗召木华黎还。1217年，汗驻秃剌河上，大奖其功，封之为国王，赐汗建之九斿大旗，谕之曰："太行之北，朕自经略；太行以南，卿其勉之！"分汪古部军万人，火失忽勒（Qošiqul，由各军每十人调发二人所组成之军曰火失忽勒）军千人，兀鲁兀部军四千人，亦乞剌思部军二千人，忙忽部军一千人，弘吉剌部军三千人，札剌儿部军二千人，及吾也而、秃花（Tuqa）两元帅所将之汉军、女真军，札剌儿所将之契丹军，并隶麾下，木华黎自中都南攻遂城及蠡州，皆下之。1218年，取河东诸州郡。

先是1216年，金以苗道润为中都经略使，贾瑀为副，道润署张柔为元帅左监军。瑀与道润素有隙，1218年，遂刺杀道润，张柔檄道润部曲共讨瑀。会蒙古兵出自紫荆关，柔遇之，战于狼牙岭，柔马跌，为蒙古所执。至军前见主帅明安，立而不跪，左右强之，柔叱曰："彼帅我亦帅也！大丈夫死即死，终不偷生为他人屈！"明安壮而释之，以柔为河北都元帅。

1219年，蒙古使张柔率兵南下，克数州，杀贾瑀；进兵次满城①，破金将武仙兵；由是诸城望风降附，柔威名振于河北。是年高丽亦降蒙古。

1220年，木华黎进至满城，武仙兵败，以真定城②降，木华黎以

---

① 满城，河北省保定市满城区。
② 真定府，治今河北省石家庄市正定县。

史天倪权知河北西路兵马事，仙副之。天倪说木华黎曰："今中原已渐定，而大军所过，犹纵抄掠，非王者吊民伐罪之意；且王为天下除暴，岂可效他军所为乎！"木华黎善之，即下令禁剽掠，遣所俘老幼。军中肃然。

同年，金遣乌古论仲端入蒙古求和，呼蒙古主为兄，成吉思汗不允。遣使报金，谓乌古论仲端曰："向令汝主授我河朔地，彼此罢兵，汝主不从；今念汝远来，河朔既为我有，关西数城未下，其割付我，令汝主为河南王，勿复违也！"

是年11月，木华黎进兵山东，金将严实以所部彰德等三府六州降。时金兵二十万屯黄陵冈①，遣步卒二万袭木华黎于济南，木华黎迎战，败之；进破金兵于黄陵冈，遂趋东平，围之；留兵屯守，自率兵北向。1221年，由东胜州涉黄河，引兵而西，会西夏兵五万，复引而东。1222年，历下河中等城，命石天应守之。1223年正月，木华黎攻凤翔府不下，将由河中北还，金将侯小叔袭破河中，杀石天应，焚浮桥而退。3月，蒙古木华黎自河中率师还至解州闻喜县，疾笃，谓弟带孙曰："我为国家助成大业，干戈垂四十年，无复遗恨；所恨者汴京未下耳。汝等勉之！"言讫而卒。

嗣后金以河北久经战争，地多残破，遂尽弃河北、山东、关陕；唯并力守河南，保潼关，东西二千余里，立四行省，率精兵二十万以守御之。

（本章所系月日从太阴历，其余诸章皆从格引葛儿Gregorien历②。）

---

① 黄陵冈，在今河南开封市兰考县东。
② 格引葛儿（Gregorien），又译格里高利历，即今天通行的公历，由罗马教皇格里高利十三世于1582年颁布，故名。

第七章

西征前之花剌子模

12世纪下半叶中，伊兰（Iran）<u></u>①之地为群藩所割据，其最强者曰薛勒术克（Säljuk）朝<u></u>②，突厥种也。算端灭里沙（Mälikšah）③在位时，有奴名讷失的斤（Nuš Tägin），为算端执水瓶隶，后历擢为花剌子模长官。讷失的斤死，子忽都不丁摩诃末（Qutb ad-Din Muhammad）袭职，而号花剌子模沙。沙（šah）者，犹言王也。忽都不丁摩诃末死，子阿即思继立，数以兵攻其主君辛札儿（Sinjar）。辛札儿者，灭里沙子也。西辽军兴，阿即思势不敌，乃奉岁币于古儿汗。1157年，算端辛札儿死，阿即思子颉利阿儿思兰（Il-Arslan）夺据呼罗珊（Qurasan）④之西部。1194年之战，颉利阿儿思兰子帖客失（Täkäš）击杀薛勒术克朝算端脱忽鲁勒（Tuğrul），而取伊剌黑阿者

――――――――――

① 伊兰（Iran），今伊朗。

② 薛勒术克（Säljuk）朝，即塞尔柱王朝。塞尔柱突厥人为突厥人的一支，原居中亚，因其首领塞尔柱得名。信奉伊斯兰教逊尼派。11世纪40年代，塞尔柱之孙托格卢尔·伯克率部征服伊朗和美索不达米亚，并于1055年进占巴格达，取代白益王朝，建立帝国，定都赖伊（Rai，在今伊朗）。其后继续向西扩张，占领叙利亚、巴勒斯坦、格鲁吉亚、亚美尼亚及小亚细亚大部。11世纪末叶分裂转衰，1157年帝国告终。

③ 灭里沙（Mälikšah），今译马立克沙，塞尔柱帝国的苏丹，1072年至1092年在位。

④ 呼罗珊（Qurasan），历史地名，大体为现在的伊朗、阿富汗、土库曼斯坦三国交界处的大片地区。

080

迷（Iraq Ajämi）①之地。由是波斯之薛勒术克朝两系并亡。已而帖客失受哈里发纳昔儿（Nasir）之册封而为伊兰之主。

1200年，帖客失死，子阿剌丁摩诃末（Ala ad-Din Muhammad）嗣位，取巴里黑（Balq）②、也里（Heri, Herat）③两州，遂全有呼罗珊之地。已而祃挦答而（Mazandaran）、起儿漫（Kirman）④亦并属之。先是花剌子模奉岁币于西辽，已三世矣。至是摩诃末国势浸强，颇以为耻，欲脱属藩。会河中汗、斡思蛮亦西辽之藩臣也，不堪西辽所置诸州监征贡赋官吏之需索，亦劝摩诃末自主，许脱藩以后，改奉摩诃末为主君，并以所纳西辽之岁币如数奉之，摩诃末遂决与西辽绝。会有西辽使者来受岁贡，依例得坐算端侧，时摩诃末新近战胜里海北之钦察，意气甚骄，怒使者之敢与抗礼，命执使者磔杀之。

摩诃末杀使者后，举兵入西辽境，战败，并部将一人为西辽军所俘。西辽军不识摩诃末，俘将因诡认算端为奴，越数日，议赎毕，遣奴归取赎金，俘者许之，且遣人卫送其归，算端因是得脱还。先是流言算端已死，其弟阿里失儿（Ai-Šir）已自立于陀拔斯单（Tabaristan），其诸父额明木勒克（Amin al-Mulk），本也里长官，亦谋袭位。及摩诃末归，众情乃安。时在1208年也。

1209年，摩诃末与河中汗斡思蛮合兵再侵西辽，败塔尼古所将之西辽军于塔剌思河，乘胜斥地至讹迹邗，置戍将以守之。花剌子模之民闻其主战胜异教之国，群以尊号上算端。

---

① 伊剌黑阿者迷（Iraq Ajämi），又译伊拉克阿只迷，指今伊朗扎格罗斯山以北的伊朗西部地区。
② 巴里黑（Balq），在今阿富汗北巴尔赫。
③ 也里（Heri, Herat），在今阿富汗西部城市赫拉特。
④ 起儿漫（Kirman），在今乌兹别克斯坦布哈拉东北的克尔米涅。

摩诃末还其国，以女妻河中汗斡思蛮，置花剌子模使者于撒麻耳干，一如以前西辽故事。已而斡思蛮与使者不相能，悔改事新主，遂仍附西辽，尽杀其都城中之诸花剌子模人（1210年）。摩诃末闻之怒，兴兵进讨，薄撒麻耳干，士卒逾城而入，杀掠三日，进克子城。斡思蛮身衣殓服，系刃于颈，诣摩诃末前跪伏请罪，摩诃末欲宥之，其女嫁斡思蛮者，怨其夫宠西辽古儿汗女而辱己，且命侍古儿汗女宴，力请杀其夫，并及其族。摩诃末由是并河中之地，而徙都于撒麻耳干。

先有古耳（Gur）朝立国于也里城及恒河（Ganga）间。1205年，其四传主失哈不丁（Šihab ad-Din）死，所领印度诸地，悉为其戍将所割据。巴里黑、也里两州亦被夺于花剌子模。失哈不丁侄马合木（Mahmud）仅保古耳之地，且须称臣纳贡于花剌子模。马合木在位七年，为人刺杀于宫中（1212年），时论谓为花剌子模算端所主使。先是摩诃末弟阿里失儿因得罪逃依马合木，至是自立为古耳算端，求兄册封；摩诃末遣使往授册命，阿里失儿方衣赐服时，使者遽出算端手诏，拔刀斩之。由是古耳国亦并入花剌子模。

先是有突厥统将者，古耳算端失哈不丁之旧臣也，乘古耳国之分解，据有哥疾宁（Gazna）①之地。1215年，摩诃末攻取哥疾宁。在此城所藏文牍中得哈里发纳昔儿致古耳诸算端书，谓花剌子模怀大志，谋兼并，可讨击之，且嘱其与西辽连兵。先是摩诃末初即位时，古耳朝之末二主果兴兵谋取呼罗珊西部之地；至是摩诃末见书，知为纳昔儿所唆使，遂怨纳昔儿。

黑衣大食哈里发所统驭之大国，土地日削，至是仅保伊剌黑阿剌

---

① 哥疾宁（Gazna），在今阿富汗加兹尼。

壁（Iraq Arabi）、忽即斯单（Quzistan）两地。纳昔儿自1181年以来君临报达（Baǧdad），当谋抑制其强藩；盖诸藩名为受地于报达，而求哈里发之册封，第特示其得国之正而已。仅于公共祈祷中及货币上著哈里发之名，此外哈里发实无权干涉诸藩国之事，藩国之势强者且置官于报达。

先是薛勒术克朝算端脱忽鲁勒在位之时，仅保伊剌黑阿者迷一地。哈里发纳昔儿欲乘其危而取其地，或鼓煽其内乱，或乞援于花剌子模。及花剌子模算端帖客失灭薛勒术克朝，不以地让哈里发。哈里发既不得地，反招致强邻，悔失计。摩诃末继父位，纳昔儿又唆使古耳朝之末二主兴师讨之，皆为摩诃末所败，计又未遂。

摩诃末既取哥疾宁，始知向者之战，哈里发实构之，遂怨纳昔儿。当时摩诃末拓地，东北抵昔浑河，东南抵申（Sind，Indus）河①，西北抵阿哲儿拜占（Azärbaijan）②，西南抵波斯湾。自以君临广土，拥兵四十万，国势远过薛勒术克，冀得如薛勒术克算端故事，遣一长官莅治报达，公共祈祷中列己名，并册封己为算端。乃遣使赴报达，以此三事请于哈里发。哈里发不许，谓向许低廉（Diläm）、薛勒术克等朝藩王置官于报达者，以有大功于哈里发也，今日情形则与前异。摩诃末领土既广，反不自足，而觊觎哈里发之首都，殊可怪也。

摩诃末闻之怒，决废阿拔思（Abbas，黑衣大食）族承袭哈里发之权。顾欲废立教主，须经诸教长之赞同，乃征询伊斯兰教诸律士曰："设有王者以颂扬帝语灭除教敌为己任，而有一哈里发因怨而阻

---

① 申（Sind，Indus）河，今印度河。
② 阿哲儿拜占（Azärbaijan），今伊朗西北部东阿塞拜疆省。

挠之，如是王者能否废此哈里发，而代以较为正大者欤？教主之位依法当属忽辛（Husain）之后裔，乃为阿拔思族所窃据，此事应如何？且阿拔思系诸哈里发常不能尽教主之职，不能保障伊斯兰教边境，发动神圣战争，而使异教民族改从正教，或献纳贡赋，又应如何？"诸教长裁答曰："处此境况中，废立为正。"摩诃末遂推阿里（Ali）后裔忒耳迷（Tirmid）①之赛夷（Säyid）族人阿剌木鲁克（Ala al-Muluk）为哈里发；命以后公共祈祷中及新铸钱币上除纳昔儿名。时波斯阿里派信徒甚众，咸以为阿里族在六百年后恢复教主之权，此其时矣。

摩诃末遂举兵往废纳昔儿，拟先取伊剌黑阿者迷之地。会有突厥将名斡古勒迷失（Ogulmis）者，夺据其地，输款于摩诃末；哈里发阴遣刺客刺杀斡古勒迷失，并命法儿思（Fars）、阿哲儿拜占二藩国主往取其地。摩诃末闻讯，兼程进，一战擒法儿思主撒的（Sa´d），撒的割二堡，许纳其岁赋三分之一，始得释归。已而又败阿哲儿拜占主月即伯（Uzbäg）之兵，月即伯遁走，花剌子模诸将欲追之，摩诃末曰："一年擒两国主，其事不祥。"遂止。月即伯还国后，亟遣使纳贡称臣而乞和。

摩诃末既取伊剌黑阿者迷，遂进兵报达（1217年）。纳昔儿遣司教失哈不丁（Sihab ad-Din）充议和使。其人通神学而负重望，花剌子模军营于哈马丹（Hamadan）②附近，司教几经困难，始得入谒摩诃末于帐中；摩诃末亵服褥坐，见司教不答礼，亦不延之坐；司教向之

---

① 忒耳迷（Tirmid），又译迭儿密、迭里迷，今乌兹别克斯坦南泰尔梅兹。
② 哈马丹（Hamadan），今伊朗西部城市哈马丹。

用阿剌壁（Arabi）语振其雄辩，赞扬阿拔思之家世，极颂哈里发纳昔儿有盛德，次引教主摩诃末之遗诫，谓勿得加害于此名族之人。舌人译其词毕，摩诃末答曰："哈里发之德殊不称若人所誉，我至报达将以真具如是美德之人承教主位。至若是人所引教主之诫，亦有未合；须知阿拔思族之人悉生长于牢狱中，多终身处于囹圄。然则为害于阿拔思族最甚者，即为本族之人也。"司教复为之反复辩论。摩诃末不为所动。司教还报达，纳昔儿知和平无望，遂谋缮守。摩诃末以为伊剌黑阿剌壁之地唾手可得，已在哈马丹预备分封其地，缮录封册文状矣。

花剌子模军前锋万五千骑进向火勒汪（Holvan），第二军继进。时值秋初，忽天降大雪，前锋军经行山中，士马多冻死。已而复为突厥、蛮曲儿忒等部之众所邀击，大蒙损害，几至全军覆没。时迷信者以为天怒，故使摩诃末视为轻而易举之事，遽遭失败；上帝尚佑阿拔思一族也。

摩诃末亦惧而止兵，以伊剌黑阿者迷之地册授其子鲁克那丁古儿珊赤（Rukn ad-Din Ğuršanči）。已而复以诸地分封其余诸子。以起儿漫、碣石（Kiš）①、马克兰（Makran）等地授加秃丁皮儿沙（Giyat ad-Din Pir-Šah）。以古耳国故地哥疾宁范延（Bamiyan）、古耳不思忒（Bust）②等地授札阑丁忙古比儿的（Jalalad-Din Mangubirti）。幼子斡思剌黑沙（Ozlag-šah）母为康里伯岳吾部人，与摩诃末母秃儿堪可敦（Turkan Qatun）同族，故斡思剌黑沙特为祖母所钟爱。摩诃末将

---

① 碣石（Kiš），今乌兹别克斯坦撒马尔罕南沙赫夏勃兹（又作沙赫里萨勃兹）。
② 不思忒（Bust），在今阿富汗南部坎大哈市西。

顺母意，定为储嗣，畀以花剌子模、呼罗珊、讹拶答而等地。

摩诃末分封诸子之地，多属新并疆土，难期其效忠于花剌子模朝。人民之关系相同者，仅有宗教。顾教中宗派繁多，各派常存敌视之心，则所能维系其统一者，仅有兵威。花剌子模军大致以突厥蛮与康里人为之。突厥蛮者，波斯语近类突厥之谓。薛勒术克族率以侵略伊兰的突厥部落之后裔也，其体貌、风习、语言因迁徙及与波斯居民通婚之故，微有变改，乃名之曰突厥蛮，俾与其他突厥有别。康里部者，花剌子模湖（咸海）北与里海东北平原之民族也，居札牙黑水东，西与钦察为邻。其别部曰伯岳吾部之部长女秃儿堪可敦，嫁算端帖客失，康里部人遂相率投花剌子模，部众勇健，常为摩诃末建功勋。秃儿堪可敦既当权，因常擢外戚为大将，顾统军者兼州长。由是康里大将在国中权势甚重，摩诃末渐不能制。且此种好战部落未脱北方游牧部落残忍之性，土著之民往往遭其侵暴，军行所过，城市坵墟。

秃儿堪可敦赋性刚强，党于外戚而为之长，其权与子侔。每有可敦与算端之令旨同至一地，其事虽同，而意趣违反者，臣下则择其宣发时日较近者行之。摩诃末每得一地，必割一大邑以益其母封地。可敦有书记七人，并有才能，可敦自于令旨上书其徽号曰："世界与信仰之保护者，宇宙之女皇秃儿堪！"

可敦有旧奴名纳速剌丁（Nasr ad-Din）者，因宠而跻相位。唯其人非相材，而性贪渎，算端恶其人，常严责之。一日摩诃末至你沙不儿（Nišapur）[1]，命毡的（Jand）[2]人撒都鲁丁（Sadrad-Din）为你沙

---

[1] 你沙不儿（Nišapur），又译尼沙普尔、内沙布尔，位于今伊朗东北部呼罗珊地区。

[2] 毡的（Jand），也作毡的、氊的，在今哈萨克斯坦克孜勒奥尔达东南，临锡尔河。

不儿法官，谕以官由己授，非宰相思，勿纳之贿。或有告此法官者曰：算端之宠不可恃，不赂宰相为非计。撒都鲁丁惧，乃囊盛金钱四千，外钤印记，以馈纳速剌丁。算端常遣人密侦其相举动，侦者以闻。算端命其相献囊，封印尚未启。及法官入谒，算端对象诘其曾以何物献宰相，法官誓言无之，算端掷示囊金，法官失色，遂黜其职，命折宰相所居帐覆宰相首，"遣之归投其女主人之门"。

　　纳速剌丁遂赴花剌子模，缘道仍使人待己以宰相礼，裁决政务如故，无敢谓其已罢黜者。将入花剌子模，秃儿堪可敦令居民无问贵贱出郊迎劳。有教长名不儿罕丁（Burhan ad-Din）者后至，谢以病，故迟来。纳速剌丁曰："非病也，意不欲也。"越数日，罚输十万金钱佐军。可敦幼孙斡思剌黑沙既受封于花剌子模，可敦遂命纳速剌丁为其相。自是纳速剌丁贪黩愈甚，索巨金于花剌子模之课税官。算端在河中闻其事，命使往斩纳速剌丁首赍以归报。可敦闻之，待使者至，命其立赴省中谒纳速剌丁，且令其代传算端语，若曰："相位非汝莫属，勿使国中有一人不用汝命，不服汝威。"使者不能违，竟转述如可敦旨。由是权势愈重，时人有曰："算端虽灭国甚众，然不能惩罚一奴。"盖指此事也。

　　摩诃末自伊剌黑阿者迷还，经你沙不儿，留数旬，复自是赴不花剌（Buqara），而成吉思汗使者三人适至。三人皆伊斯兰教徒，原算端臣民也。一名马合木（Mahmud），花剌子模人；一名阿里火者（Ali-Qoja），不花剌人；一名亦速甫（Yusuf），讹答剌（Utrar）[①]人。奉蒙古汗命献珍物，并致成吉思汗之词曰："我知君国大而势

---

① 讹答剌（Utrar），也作讹打剌，今译奥特拉尔，在今哈萨克斯坦南部，锡尔河附近。

强，甚愿与君修好，我之视君，犹爱子也。君当知我已征服女真，统治北方之诸民族，战士如蚁垤之众，财富如金穴之多，无须觊觎他人土地，所冀彼此臣民之间得以互市，为利想正同也。"

北方民族常用祖孙父子叔侄兄弟之称，以判国之强弱。兹成吉思汗谓视摩诃末如子者，盖欲其称臣也。摩诃末夜召三使中之马合木入见，语之曰："汝本花剌子模人，知汝忠诚可恃，若以实情告，并于将来以成吉思汗之举动来告，必有重赏。"即取宝石手环一缠赐之，为不食言之左券。继询之曰："成吉思汗征服桃花石（Tabǧač，犹言中国）信否？"对曰："此一大事，孰能虚构。"摩诃末曰："我之国大，汝所知也，顾乃敢谓我为子，彼虏何物！兵力几何！"马合木见算端有怒色，不敢直对，仅言蒙古汗兵何能敌算端兵，摩诃末意乃释，以好言遣三使归。

先是漠北诸部落以劫夺为生，至是既属蒙古，道途遂安，行旅往来无虞。凡外国人之赍珍物赴蒙古贸易者，常导之至蒙古汗廷。西辽既亡，摩诃末之领地遂与畏吾儿相接。有摩诃末之臣民三人，贩绢布入蒙古境，成吉思汗厚偿其价，命厚待三商，处以白氎新幕；于其将归，令诸王、诸那颜、诸将等各出私费，遣信仆一两辈，赍随以往，购易花剌子模珍物。有众约百余人（一说有四百五十人，一说谓仅四人），俾兀忽纳（Uquna）领之。行次昔浑河上之讹答剌城，守将亦纳勒术（Inalčuq）而号哈亦儿汗（Qayir-qan）者，欲没入所赍，乃指为蒙古间谍，擅执诸商，杀其人而夺其物。

成吉思汗闻报，惊怒而泣，登山免冠解带置项后，跪地求天助其复仇，祈祷三日夜始下山。

唯在进兵花剌子模以前，必先除其旧敌屈出律，遂遣使臣一人名巴格剌（Bagra）者，偕副使二人，至摩诃末所传语曰："君前与我约，许不虐待此国商人；今遽背约，枉为一国之主；若讹答剌虐杀商人之事果非君命，则请以守将付我，听我惩罚，否则请以兵见。"

哈亦儿汗者，算端母族也，大将权重，不受算端之制，摩诃末虽欲惩之，势亦有所不能。且恃国大兵强，遂杀巴格剌，薙蒙古副使二人须而遣之归。

已而摩诃末集军于撒麻耳干，将往讨屈出律。忽闻有蔑儿乞部众阑入咸海北之康里部境内，摩诃末乃取道不花剌，进军毡的，以却此外来之游牧部落。及至毡的。则闻屈出律已为蒙古所灭。此蔑儿乞部人曾与屈出律相结。已有一蒙古军追击于后，摩诃末自度兵少，乃还撒麻耳干，续调新军，再至毡的；至此城北，遂蹑两军之迹，次哈亦里（Qayli）、乞马赤（Qimač）二水间，见一战场，伏尸遍地，一蔑儿乞人伤未死，询之，则言蒙古人已得胜，适拔营去。摩诃末乃蹑蒙古军去路，越日及之，方欲进击。蒙古主帅（传为拙赤）遣使来言，两国未处战争中，且曾奉命，若遇花剌子模军，当以友谊相待，请分卤获以犒军。摩诃末自恃兵多，答曰："成吉思汗虽命汝曹勿击我，然上帝命我击汝曹！"蒙古军不得已应战，先却花剌子模军左翼，进捣摩诃末所在之中军，中军将溃；会摩诃末子札阑丁所将右翼胜敌，见父危急，以右翼趋援，阵势始整，战至日暮始息。入夜，蒙古军多燃火于营以误敌，疾驰而去。比晓，距战地已二日程矣。是战以后，摩诃末始不敢轻视蒙古，曾告其亲幸者曰："我遇敌多矣，未见有如此军者。"还撒麻耳干，以爵号封地赏诸将。

成吉思汗灭屈出律并入西辽以后，于1218年大会诸王重臣，定策往征摩诃末，命弟帖木格斡赤斤留守蒙古，自率大军行。次年，驻夏于额儿的石河畔，休息士马；秋进军，畏吾儿亦都护巴而术阿而忒的斤、阿力麻里汗昔格纳黑的斤、哈剌鲁汗阿儿思兰，皆以兵来会。

花剌子模有兵四十万，然纪律服从、耐苦习战皆不及蒙古军。摩诃末自即位以来，陆续开拓疆土，已至极盛而衰之时。蒙古军迫，怯不敢战，反分屯军队于河中、花剌子模诸城中，自身亦远避战地。有谓诸将不愿战，建此守而不战之策。有谓摩诃末信星者言，以天象不吉，不利于战。有谓其中成吉思汗离间之计。缘有讹答剌人名别都鲁丁（Bädr ad-Din）者，父叔及亲属数人悉为摩诃末所害，因矢志复仇，投蒙古，献离间策，谓乘摩诃末母子不和，以计间之，遂伪作秃儿堪可敦戚党诸将致成吉思汗书曰："我等举部自康里投花剌子模，而从算端摩诃末者，以其母故也。曾为花剌子模拓地甚广，乃算端遽忘恩而怨母，可敦欲我等为之雪恨，唯待大军之至，即举部相从。"成吉思汗使人故遗其书，使摩诃末得之，摩诃末遂疑诸将，分其兵势，散之诸堡。三说未知孰是。然诸将不愿与敌作野战，而摩诃末曾以为蒙古人于剽掠后必饱载而去，故取守势，殆近真相也。

第八章

西征之役（上）

1219年秋，成吉思汗自额儿的失河进兵入摩诃末之国。当时蒙古人似未识此国之名，缘花剌子模之名仅一见于《元史》西北地附录，此外在纪传中皆名之曰回回国；《元朝秘史》之对称作撒儿塔兀勒（Sarta´ul），耶律楚材《西游录》则作"谋速鲁蛮（Musulman）种落"，皆不以花剌子模名之；《元朝秘史》中固见有其别译曰忽鲁木石（Qurumši），然旁注作"姓"，而不知其为国名也。对于国名如此，对于人名可知，所以算端摩诃末之名不见于元人记载，殆亦因其敌来不敢抵抗，致使其名不传欤！

　　成吉思汗分军为四：第一军察合台、窝阔台二子将之，进攻讹答剌；第二军拙赤将之，为右手军，进取毡的；第三军阿剌黑（Alaq）、速客秃（Sukätu）、塔海（Tağai）三将将之，为左手军，进取别纳客忒（Bänakät）。三军之目的地皆在昔浑河畔诸城。成吉思汗自率四子拖雷将大军渡河进取不花剌，以断摩诃末与河中之交通，而绝受围各城之援。

　　讹答剌城粮储充足，哈亦儿汗士卒亦众，更有哈剌札汗（Qaraja-qan）之援兵万骑，被围五阅月，军民气沮；哈剌札汗唱降议，哈亦儿汗以前杀商人，得罪蒙古，自度无生理，愿死守。哈剌札见其不降意决，乃乘夜独率所部精兵出城欲遁，为蒙古军所执，哈剌札汗请降，蒙古汗二子以其不忠于其主，并其部众斩之。

蒙古军遂拔讹答剌，驱民于野，纵掠城内。哈亦儿汗率残军退保子城，又相持一月，部下伤亡几尽，子城亦陷。哈亦儿汗贾勇巷战，蒙古军欲生致之，诸面肉薄以进。哈亦儿汗率从卒二人登屋格斗，从卒尽死，箙中无矢，犹持砖掷人，妇女在墙下授砖以助，已而众寡不敌，虽奋仆数人，终被擒送至撒麻耳干成吉思汗营，成吉思命熔银液灌其耳目杀之。蒙古军夷平讹答剌之子城，驱免死之民向不花剌。

拙赤一军向毡的者，道次昔浑河畔之昔格纳黑（Signaq）城①，遣一伊斯兰教徒名哈散哈只（Hasan Haji）者往谕城民出降；哈散至城下，言甫启口，城民群击杀之。

拙赤下令进攻，不许休止，士卒更番迭进，连攻七日，拔其城，尽屠居民，命哈散之子守此无人之地。自是连下讹迹邗、巴耳赤邗（Barčin，Barčinligkant）、额失纳思（Äšnas）诸城，进逼毡的。守将夜遁，渡昔浑河而走玉龙杰赤（Urgïnj）。拙赤遣使者名真帖木儿（Čintämur）者往谕毡的降，城中无主，人民纷呶不知所从，见真帖木儿至，欲杀之，真帖木儿举昔格纳黑之前事劝诫，且伪与约，誓引蒙古军他去，不入城内，城民乃释之归。

已而蒙古兵至，毡的城民恃城高不为备，蒙古兵树梯环登，逾城而入，驱民于野，以未抗拒得免死，仅戮害真帖木儿者数人，纵掠九日，然后许露处野外之居民入城。以不花剌人阿里火者为毡的长官。旋分兵下其邻城养吉干（Yangikant）②。先是有畏吾儿军（一说为别军）万人从征，至是许遣还国，别募突厥蛮之游牧部落万人以代之。

---

① 昔格纳黑（Signaq）城，在今哈萨克斯坦南部奇伊利东南。
② 养吉干（Yangikant），今哈萨克斯坦卡扎林斯克西南。

使那颜台纳勒（Tainal）率新募军进向花剌子模，此军在途不服约束，乘台纳勒率前锋先行，叛杀其代将：台纳勒闻变驰还，击杀大半，余众遁马鲁（Maru，Merv）①、阿母（Amul）②二城。

第三军仅五千人，进至别剌客忒。守城之康里将卒逾三日始乞降，蒙古军先许其不死，既降之后，驱城中人于城外，别置将卒于一处，尽歼之。分工匠于诸队，集聚丁壮，役之以攻未下诸城。

已而此军渡河进向忽毡（Qojand）③。忽毡守将帖木儿灭里（Tämur-Mälik），即《元史》所谓之灭里可汗，骁将也，以精锐千人退守昔浑河中岛上之一堡，岛距两岸远，矢石所不及。蒙古军旋得讹答剌等处蒙古兵二万、土民五万来助，编土民什百为队，以蒙古将校督之，运石于三十里外山中，以填河。帖木儿灭里造甲板舟十二艘，覆以氈，用醋浸黏土厚涂之，以御火攻之器；每日出六舟薄两岸，从舟隙发矢射蒙古军。蒙古军累被夜袭，多所损折。已而帖木儿灭里计穷，势不支，夜以七十舟载士卒辎重，自率精锐驾甲板舟，列炬烛川，沿流而下。蒙古军在别纳客忒附近以铁缆横锁川中。帖木儿灭里断缆随流而下，两岸追兵不绝。帖木儿灭里闻拙赤于毡的附近昔浑河夹岸置重戍，配置弩炮，并结舟为梁，阻绝川途，乃舍舟乘马陆行。见蒙古兵追击，则止而与战，待辎重前进，然后再行，如是数日。部卒本少，及是益减，不得已弃辎重。已而从卒次第亡失尽，单骑败走，蒙古三骑尾随不舍，势逼，视箙④中仅领三矢，矢镞已失，取射最近追骑，贯其一目，二骑反走，帖木儿灭里遂得脱，至玉龙杰赤。

① 马鲁（Maru，Merv），在今土库曼斯坦马雷州。
② 阿母（Amul），又译阿姆城，在今土库曼斯坦土库曼纳巴德市，阿姆河畔。
③ 忽毡（Qojand），又作忽毡，在今哈萨克斯坦苦盏（也译胡占德）。
④ 箙（fú），盛箭器具。

复自是往依札阑丁，相从至于此王之死。

　　成吉思汗自与四子拖雷率军进向不花剌，行近匝儿讷黑（Zarmuq）城，城民皆避入堡。成吉思汗遣答尼失蛮（Danišmand）往谕降，堡中守卒胁之。答尼失蛮呼曰："我谋速鲁蛮（犹言伊斯兰教徒），亦谋速鲁蛮之子，奉成吉思汗命来拯汝等于深渊中；大军距此不远，汝等若稍抵抗，霎时堡叠屋舍将平，血淹田亩矣，不如降，可保身家。"城民感悟，遣代表奉馈礼赴汗营，汗怒匝儿讷黑官吏不亲纳款，命召之至，官吏惧而来谒，然汗善待之；令居民出城外，签丁壮为兵，编作一队，备不花剌攻城之役，余民听还家，堕堡而去。

　　自是募一突厥蛮为导，取人迹罕经之途，进向讷儿（Nur）①前锋塔亦儿把阿秃儿（Tär Ba'atur）遣人至讷儿城招降，诸民疑虑不敢降；招降使者数至，乃开门纳款。塔亦儿不驻而去，送讷儿代表赍馈礼至成吉思汗营。汗命速不台至讷儿，速不台谕居民曰："汝等既保性命，况家畜农具一不夺取，应以为足，第应出城外，不许别携一物。"居民既出，蒙古兵遂纵掠。汗寻至，问居民所纳其主税额若干，居民以千五百底纳儿对，汗命如额输前锋营，许不额外再有诛求，居民立脱妇女耳环，已足供其半额。

　　1220年3月，成吉思汗进至不花剌，士卒继至，屯于城之四围。城内有兵二万，被攻数日，守城诸将度不支，夜率全军突围出走。蒙古军出不意被袭，急退。嗣见敌不乘胜进击，反遁走，遂整列追之，及诸阿母河畔，麛杀殆尽。

　　翌日，城中遭教长、绅耆等出城纳款。成吉思汗入城，过大礼拜寺，骑而入，问此是否算端宫？答者曰："此上帝宅。"遂在祭坛

① 讷儿（Nur），在今乌兹别克斯坦布哈拉东北的努腊塔。

前下马，登讲台二三级，大声言曰："野草已刈，速以物来饲吾属马。"居民遂入市仓取谷；蒙古兵运可兰（Koran）经楗置庭中，以代马槽；践伊斯兰教之圣经于马蹄下，置酒囊于寺中，召舞者歌女入寺歌舞，自唱其种人歌，声彻四壁；命教师执隶役，为之护视鞍马。

如是者一二时，成吉思汗出城赴祈祷场，不花剌居民盛会时聚祷之所也。集居民于场中，汗登坛问众中孰最殷富？众举二百八十人以应。中有九十人外国籍，汗尽召之使前，谕以算端挑衅，及己不得已而用兵之意，既而曰："应知汝曹已犯大过，人民之长负罪尤重，汝曹若问我所言何据，我将答汝曹曰，我为天灾，设汝曹无大罪，上帝曷降灾汝曹之首？"次言地上财宝自知取之，勿营汝曹自献。第应速告地中伏藏，命诸人指出管家之仆，强之呈献其主财货。

时犹有花剌子模兵四百骑未能随大队出城，退据内堡。蒙古兵宣告于市，凡能执兵者皆应来前，违者死。诸壮丁出，遂命其执内堡填壕之役。已而炮攻内堡，凡十二日，内堡破，尽歼堡中守者。

内堡既克，下令迫不花剌居民出城，附身衣服外不许携带一物。居民既出，遂纵掠。凡违令未出城者，搜得辄杀之。对男子辱其妇女，拷掠富豪，强其指出藏金所在。已而在城中各处纵火，除大礼拜寺及宫殿数处以砖建筑外，余悉木房，尽付一炬。

成吉思汗焚不花剌后，东向进兵撒麻耳干。两城相距有五日程，军循那密（Namid，Sogd，Zarafšan）河[1]行，沿河风景甚丽，园林别墅相望。成吉思汗分兵攻取河畔之二堡，自率大军进向撒麻耳干，所俘不花剌民随军后行，备受虐待，疲不能前者辄被杀。

---

[1] 那密（Namid，Sogd，Zarafšan）河，今塔吉克斯坦及乌兹别克斯坦境内的泽拉夫尚河。

撒麻耳干亦名薛迷思干（Sämizkant），摩诃末之新都也，守兵五万（一说有突厥兵六万，波斯兵五万），良将统之，城堡甚固，不易攻下。成吉思汗知之，故先掠取四周之地，绝其外援，然后进兵于其城下。时其他三军已取昔浑河北诸地，亦来会，并驱土著丁壮至。汗以骑兵先达城，翌日步队俘虏继至，编俘虏十人为一队，队执一旗，陆续经行城下，俾城人知其兵多。汗环城观其形势者二日。第三日晨，命丁壮与士卒进攻，城中军民出战，丧失千人，败还城中，于是守者气沮。守兵以康里人居大半，康里人自以为与蒙古人为同类，必受善待，因怀去就。成吉思汗召之来投，康里兵遂携其眷属辎重出城降。第四日，将攻城，城民赴蒙古营纳款，汗善谕之归，遂开城延蒙古兵入（时在是年4月）。蒙古兵首先堕其壁垒，命居民悉出城，违者杀无赦，仅许法官、教士及其亲从等留城中。

是夜有康里将名阿勒卜汗（Alb-qan）者，率兵千人自内堡突围出走。达曙，蒙古兵诸面同时进攻内堡，薄暮克之。守者千人，退守礼拜寺，力抗不降，蒙古兵纵火焚杀之。

至是聚康里人于一处，收其兵械马匹。依蒙古俗，降卒须改衣蒙古服装，薙发结辫，兹亦命康里人为之，以安其心。至夜尽屠之，死者康里兵三万，统将二十人。

撒麻耳干居民被杀者为数亦众。成吉思汗括余民，取工匠三万人分赏诸子诸将，中有人匠三千户后徙荨麻林（今万全县西北之洗马林堡）。搜简供军役者，为数亦有三万。余居民五万人，出赎金二十万底纳儿，然后许其还城。成吉思汗驱新编之丁壮一部渡阿母河。所余丁壮以付诸子，供进攻玉龙杰赤之用。

撒麻耳干城有战象二十头，象奴以献成吉思汗，请给象粮。汗问象被捕前所食何物？对曰食草。乃命放象于野，后皆饿死。

初，成吉思汗抵撒麻耳干城下时，即命者别、速不台二人各将万骑往追算端摩诃末。谕以径追算端：若遇重兵，勿与战，待大军至；若摩诃末不战而逃，则追随勿舍。沿途诸城降者免之，抗者灭之。

蒙古军进蹿河中之时，摩诃末退避于哈里甫（Kalif）、安的胡（Andkhud）两地之间，其意似在防止蒙古兵渡阿母河。撒麻耳干之被围也，曾先遣万骑，后遣二万骑往援，然无一军敢至撒麻耳干城下。已而集将吏议进止。诸将以河中已无暇可救，应调集全国之兵守阿母河。别又有人劝摩诃末赴哥疾宁，集兵以抗，纵不胜可奔印度。摩诃末以此策万全，从之。遂向哥疾宁，道经巴里黑，其子鲁克那丁遣国相阿马都木勒克（Amad-al-Mulk）自伊剌黑阿者迷来见，献议，言伊剌黑人财具足，可以御敌，不如西向，摩诃末从之。札阑丁时从父，深不以此二退兵策为然，欲阻蒙古兵渡阿母河，力请于父曰："设父决赴伊剌黑，则乞假兵柄，与敌一战，纵败，人民不致有怨言，而谓平时重税于民，处危时乃弃民去，一任鞑靼人之蹂躏也。"摩诃末不从，反斥其少不更事；且言吉凶有定，灾祸之来，孰能抗之，不如待天象有利于我之时。

摩诃末离巴里黑前，遣一支队赴忒耳迷北之般札卜（Panjab）诇敌情，旋闻报，不花剌陷，继报撒麻耳干降，遂急离巴里黑。扈从军士皆康里人，诸将皆秃儿堪可敦之戚也。中途谋杀算端，事泄，摩诃末夜易寝幕防之，晨起视空幕，攒矢已满，遂疾行。4月28日抵你沙不儿。5月12日侦知敌骑已入呼罗珊，乃借行猎为名，弃你沙不儿而去。

者别、速不台二将长驱直入呼罗珊。是时呼罗珊民物繁庶，分四郡，以马鲁、也里、你沙不儿、巴里黑四城为郡治。蒙古兵至巴里黑，城民纳币迎降，蒙古兵置一守将而去。进至匝哇（Zava），城人闭门，拒不献粮；蒙古兵不欲顿兵于此，舍之而去。守城者登埤击鼓詈蒙古兵。蒙古兵怒，回攻其城。三日拔之，尽屠居民，纵火而去。进向你沙不儿，执土民询算端踪迹。

5月24日，蒙古兵至你沙不儿城下，谕令开城，城民请俟其主就擒，然后降附，先馈军粮，蒙古兵受之而去。其后他队连日经过城下。6月5日，者别过此，亦皆受馈粮而去。

者别、速不台各率所部分蹿各地，速不台历破徒思（Tus）①、达木罕（Damǧan）②、西模娘（Simnan）③等城。者别历破祸挦答而诸城。至剌夷（Rayi）④城下，与速不台军会，共破剌夷而屠其民。

摩诃末自你沙不儿出奔其子鲁克那丁营。时鲁克那丁已集伊剌黑军三万人于可疾云（Qazvin）⑤城下；摩诃末抵可疾云，召罗耳（Luristan）王哈匝儿阿思（Hazar-Asb）与谋御敌策。罗耳王献议曰："罗耳、法儿思两地以山为界，算端应急赴山南，其地物力丰饶，不难纠集诸部之兵十万，以扼诸山隘口，敌来与战，可振士气。"摩诃末误以罗耳王有图法儿思之意，不用其策，罗耳王遂还其国。已而得剌夷不守之警报，随从算端之王侯贵人争先出奔，士卒亦溃。摩诃末率诸子避往哈仑（Qarun）堡，途遇蒙古兵，不识其为算端，发矢射之，算端马负数伤，忍痛而趋。至哈仑堡，仅留一日。易

---

① 徒思（Tus），又译途思、图斯，在今伊朗东北部马什哈德市北。
② 达木罕（Damǧan），在今伊朗马赞德兰省达姆甘。
③ 西模娘（Simnan），在今伊朗德黑兰省塞姆南。
④ 剌夷（Rayi），在今伊朗德黑兰南。
⑤ 可疾云（Qazvin），在今伊朗德黑兰西加兹温。

健马，进向报达。甫离堡，蒙古兵至，以算端在堡中，急进攻。已而知其已去，解围追之，途中捕得算端放还之向导数人，询知算端逃向报达。然算端实已趋他道，蒙古兵失其踪迹，杀导者而还。

摩诃末既改道，驰向可疾云西北数十里之撒儿察罕（Sar-Čahan）堡；居七日，又奔歧兰（Gilan）[①]；复由歧兰奔祃拶答而；既至，几子身无长物矣。时蒙古兵已入祃拶答而，破其都会阿模里（Amol）[②]，及其商业城市阿思塔剌巴的（Astarabad）。摩诃末询诸土酋，何地可以避兵，诸酋劝其暂避于里海中之岛上，摩诃末从之，至海岸一村落中；居数日，其仇家导蒙古兵至，摩诃末亟登舟出海；蒙古兵在岸上发矢射之，有数骑跃马入海逐舟，尽溺死。

时摩诃末已得肋膜炎疾，自知将死，乘舟离岸时叹曰："君临之国不少，乃无数尺之地可作坟墓。"既而登一名阿必思昆（Abiskun）之小岛，喜其地安宁，结幕居焉。祃拶答而沿岸居民以粮物来献，摩诃末并授以官职食邑。时随从诸人多已遣赴诸子所，有时且须亲作制书授之。数年后札阑丁复国时，凡以此类制书献者，皆如约授之。其以故算端之遗物献者，亦重赏之。

摩诃末自知病势日重，召诸子札阑丁、斡思剌黑沙、阿黑沙（Aq-šah）等至，收回前此命斡思剌黑沙嗣位之成命，谓非札阑丁不足以光复故国，亲取佩刀系其腰，命诸子对之委质。不数日死，仓卒无殓服，即以其衬衫裹葬之。时在1220年12月，一说在1221年1月。

先是摩诃末弃阿母河时，曾遣使至玉龙杰赤，促其母秃儿堪可敦避兵祃拶答而境内。会成吉思汗之使者答尼失蛮亦至，答尼失蛮转

① 歧兰（Gilan），又译吉兰，今伊朗西北部省份，首府拉什特。
② 阿模里（Amol），也作阿昧，在今伊朗北部里海滨阿莫勒。

100

达蒙古汗言，谓汗知算端不孝其母，国中将校愿助蒙古军，然汗实无意侵入可敦所主花剌子模之地；请遣亲信之使者来议，他日诸地略定后，将以呼罗珊奉可敦云。可敦置不答。及闻算端退走之讯，乃尽率摩诃末之妻子，轻赍珍宝，弃花剌子模而去。以为蒙古军饱掠后，不久必退。而摩诃末昔年兼并之诸国王侯皆在玉龙杰赤狱中，恐己去后生变，乃于频行之先，尽出此等系囚投之阿母河中，仅留牙疾儿（Yazir）王子做向导，后亦杀之。

祸拶答而山中有堡名亦剌勒（Ilal），险峻难攻，秃儿堪可敦避兵于此。速不台追摩诃末经此堡下，留兵一队攻之。是堡常多雾雨，得水易，居民从未疏池蓄水以备旱。及堡被围，久不雨，守兵渴甚，不得已乞降。蒙古兵入据之日，云雾蔽天，俘秃儿堪可敦及摩诃末之妻子送成吉思汗营。时汗适在围攻塔里寒（Taliqan）寨①。摩诃末诸子虽在稚年，成吉思汗尽杀之。摩诃末四女，以二女赐察合台，察合台自纳一人，以其一转赐家臣。第三女赐答尼失蛮为妻。至前嫁河中汗斡思蛮而寡居之女，为叶密立（Imil）城之染工所得，一说成吉思汗长子拙赤请之于父纳之，后生数子。成吉思汗挈秃儿堪可敦归蒙古。后在1233年殁于和林（Qaraqorum）。

先是摩诃末西奔，经比思塔木（Bistam）城，以宝石二箧（一作十箧）付一侍臣，命交额儿迭罕（Ärdähan）堡守将；后守将以献蒙古军，转送蒙古主营。

---

① 塔里寒（Taliqan）寨，今阿富汗塔哈尔省首府塔卢坎市（也作塔利坎、塔洛甘等）。

第九章

西征之役（中）

摩诃末死后，其三子从海道至曼乞失刺黑（Manqišlağ），从者七十骑，复自是驰抵玉龙杰赤。先是秃儿堪可敦之出奔也，未置留守，及三王子至，全城大欢。未久，有兵七万集于诸王麾下，诸将皆突厥人，始利斡思刺黑沙暗弱易与，及知以位让兄，遂大失望，因谋杀新算端。札阑丁闻其谋，1221年2月10日遽出奔呼罗珊，前忽毡守将帖木儿灭里以三百骑从，疾驱横断花刺子模、呼罗珊两地十六日程之沙漠，而至纳撒（Nasa）。

成吉思汗既克撒麻耳干，屯兵于撒麻耳干、那黑沙不（Nakhšab，Nasaf）①两城之间。次年春，闻摩诃末诸子走玉龙杰赤，即命拙赤从毡的进，察合台、窝阔台从不花刺进，命会师于玉龙杰赤城下。别以兵戍守呼罗珊北境，防其南奔。札阑丁抵纳撒时，已有蒙古逻骑七百屯于其地附近，札阑丁猛击败之，复由是进至你沙不儿。

札阑丁自玉龙杰赤出走之后三日，斡思刺黑沙、阿黑沙二人闻蒙古军进兵之讯，亦出奔呼罗珊。蒙古军蹑其后，追杀之于维失忒（Väšt）村中。

花刺子模旧都跨阿母河两岸，突厥人名之曰古儿犍只

① 那黑沙不（Nakhšab，Nasaf），在今乌兹别克斯坦境内布哈拉东南的卡尔希。

（Gurganj），蒙古人则名兀儿犍只（Urganj），疑用畏吾儿字夺其第一声母，汉译又讹作玉龙杰赤、兀笼格赤等称，阿剌壁语则名术儿札尼牙（Jurjaniya）。自摩诃末三子出奔以后，城中无主，共推秃儿堪可敦之戚忽马儿的斤（Humar-tä-gin）为算端。蒙古军先至城下者为塔之别乞（Taji Bäki）之前锋军，窝阔台与拙斡儿出之军续至，察合台、脱栾之军续至，拙赤之军最后至，其数共逾十万。蒙古前锋进至城下时，守军出战，失利退还。拙赤遣人招降，城民不从，蒙古军乃退治攻具，境内无石，则多伐桑木，渍水增其重量，以代炮石之用。命所掠诸地丁壮执填壕之役，十日而工毕。至是蒙古军欲取横跨阿母河两岸之桥梁，遣兵三千人往，尽没。已而拙赤、察合台二王失和，号令不一，纪律亦弛，蒙古军因是多所损伤，七阅月而城不下。成吉思汗在塔里寒廉得其情，大怒，改命窝阔台任总司军令，于是军气复振。下令总攻，守者遂不支。蒙古兵梯登入城，以石油浇先见房屋，纵火焚之。花剌子模兵仍奋勇巷战，妇女亦参列行间，如是七日，终乃乞降。蒙古军遂驱民尽出城，徙其工匠十万于东方，相传是为东方诸地有伊斯兰教侨民之始。城中余众除妇孺夷为奴婢外，悉配诸队屠之，闻蒙古军五万人，每人杀二十四人，则被屠者有百二十万矣。屠后引水灌城，庐舍尽毁，藏者皆死，所能存者，仅旧宫与算端帖客失之墓而已。

1220年，成吉思汗驻夏于那黑沙不。已而进兵阿母河北之忒耳迷，谕城民开城堕堡垒，不从，攻十日拔之，尽驱其民出城，分配诸队屠之。有老妇将受刃，呼曰：有宝珠愿献。及索其珠，则云已咽入腹中，乃剖腹出珠。于是蒙古军以为他人亦有咽珠事，尝破诸死者腹以求之。

是年分兵入巴达哈伤（Badaqsan）①，降之同时命拖雷率军入呼罗珊，残破其地。1221年春，成吉思汗率军渡阿母河，巴里黑城遣使迎降，献重币。已而闻札阑丁聚兵于哥疾宁之报，念留此大城于后路为非计，遂以检括户口为名，驱巴里黑之民出城，尽屠之。纵火焚庐舍，夷其垒而去。

拖雷之入呼罗珊也，以脱忽察儿为前锋。1220年11月，脱忽察儿进至你沙不儿，攻城甫三日，成吉思汗命夺其职。缘先是成吉思汗有命，来降者勿扰其民，也里城长官额明木勒克（Ämin al-Mulk），即《元秘史》所志之篾力克罕（Mälik-qan）者，曾纳款于蒙古军，而脱忽察儿违令抄掠其境，额明木勒克因复投札阑丁，成吉思汗怒，遂夺脱忽察儿职。故西域书传其为你沙不儿守兵所射杀。脱忽察儿既行，代将者以兵力薄，不能克你沙不儿，遂解围去。分军为二队，自率其一攻撒卜咱瓦儿（Sabzavar），三日拔之，杀其居民七万人。其一队入徒思境，取诸堡。

拖雷本军七万进至马鲁城下，击败屯于城外之突厥蛮军万骑。次日（1221年2月25日），拖雷率五百骑周视城垒。七日之间，全军悉集，乃下令进攻。守兵从诸门出城突击二次，皆被却还。守将乞降。拖雷纵兵入城，驱居民尽出，凡四日，城始空。先引所俘将卒对众斩之，继杀居民，死者数十万。唯工匠四百及童男女若干得免。拖雷屠城后，置蒙古戍将一人以镇之，自率军进向你沙不儿。

先是蒙古游骑至你沙不儿附近者，辄为城人所害，如是数月。城民逆料蒙古必来复仇，遂坚其守备，城上置发弩机三千，发石机

---

① 巴达哈伤（Badaqsan），又译巴达克山、巴达赫尚，在今阿富汗东北部巴达克山。

106

五百。蒙古军攻具亦强，首先残破你沙不儿四周之地；对城配置发弩机三千，发弩机三百，投射火油机七百，云梯四千，炮石二千五百担。攻具既多，士卒复众，围城中人望之夺气，遂请降，并许纳岁贡，拖雷不许。翌日（1221年4月7日），环城同时进攻，昼夜不息，比晓，壕堑已平，城墙裂七十口；蒙古兵诸面攀登而入，街巷屋舍皆成战场，屠杀数日，猫犬无遗。拖雷闻屠马鲁时，民匿积尸中得免者不少，至是命尽断死者首，三分男女幼童之首，聚之为塔。免者唯工匠四百。毁城历十五日，城市遂墟。

时呼罗珊境内之四大城，仅也里一城未下，拖雷移军攻之。其别将分蹢徒思者，在此城附近掘发哈里发诃仑剌失德（Haruner-Rašid）之墓。拖雷顺路蹢忽希斯单（Quhistan），进至也里城下，遣使谕降。守将杀谕降使，励所部奋勇死守。蒙古兵诸面同时进攻，剧战凡八日，也里守将殁于阵，城人遂乞降。拖雷仅杀官吏士卒一万二千人，置一戍将以镇之。越八日，拖雷奉父命会师于塔里寒。

时成吉思汗已克塔里寒，驻夏于其附近山中。察合台、窝阔台二子还至玉龙杰赤。长子拙赤则于攻下此城以后，渡昔浑河北去。是秋，成吉思汗闻札阑丁拥重兵据哥疾宁，遂进兵往攻之；道经客儿端（Kerduan）寨，留攻一月，拔而夷之。逾大雪山（Hindu-kuš）[①]，进攻范延，察合台子木秃干（Mutugan）在城下伤矢卒，成吉思汗钟爱此孙，悲愤下令进攻，陷之，不赦一人，不取一物，概夷灭之。此城百年以后尚无居民。

初，札阑丁横断花剌子模沙漠在纳撒击退蒙古逻骑以后，进至你

---

① 大雪山（Hindu-kuš），即兴都库什山，东起帕米尔高原，主要位于阿富汗境内，平均海拔约5000米。

沙不儿，居三日行，行甫一日，蒙古兵蹑踪而至，亟追之。1221年2月10日，札阑丁遣一将拒之歧路，自从别道逸，蒙古兵遂失其踪迹。札阑丁于是一日间奔四百里，至柔赞（Zuzan），欲入城息鞍马，城民拒不纳，遂即夜行。翌日，蒙古军追逐至于也里道上，不及而还。三日后，札阑丁安抵哥疾宁。

先是哥疾宁守将于1220年时离哥疾宁，与额明木勒克会兵昔思田（Sijistan），富楼沙（Fešawar）守将摩诃末阿里哈儿卜思忒（Muhammad b. Ali Qarpust）遂入据之，所部古耳军甚众，额明木勒克遣使与之约联合以拒蒙古。哈儿卜思忒拒之曰："古耳人与突厥人不能共处，请各守其地，如算端旨。"时札阑丁相苫思木勒克（Sams al Mulk）为哥疾宁民政长官，与内堡守将撒剌丁（Salah ad-Din）同谋除哈儿卜思忒，设宴招引于近郭园林。酒酣，萨拉丁手刃之。古耳兵闻主将死皆溃。后二三日，额明木勒克至哥疾宁，囚苫思木勒克于堡中。

已而有蒙古军二三千人进至不思忒（Bust），额明木勒克率军前往御，留撒剌丁守哥疾宁。古耳人遂乘隙杀撒剌丁，而奉忒耳迷人剌齐木勒克（Razi al-Mulk）、兀木答木勒克（Umdat al-Mulk）兄弟二人为主，剌齐木勒克遂自称王。时有哈剌只（Qalaji）、突厥蛮两部之人自呼罗珊、河中两地逃还富楼沙境者，为数颇众，奉阿格剌黑灭里（Agraq-Mälik）为主。剌齐木勒克谋袭其众而取其地，与战不胜，阵殁，其弟兀木答木勒克代之为主。已而巴里黑人阿匝木灭里（Azam-Mälik）与可不里（Kabul）①酋灭里失儿（Malik-šir）合兵攻取哥疾宁，据其外城。兀木答木勒克退守内堡。被围四十日，城将下。而苫

---

① 可不里（Kabul），今阿富汗喀布尔，是阿富汗首都。

思木勒克被札阑丁释出狱，迁之至哥疾宁备供张，诸部闻算端将至，遂息争。越七日，札阑丁至，诸部之众皆集其麾下，额明木勒克亦率所部三万人来从。由是札阑丁尽有阿匝木灭里、额明木勒克、阿格剌黑灭里三部之众，而阿富汗部长木匝发儿灭里（Muzaffar-Mälik）、哈剌鲁部长哈散（Hasan）亦各率所部来附。总以上诸军凡六七万骑。札阑丁以女妻额明木勒克。

札阑丁率此军进向范延附近之八鲁弯（Parwan）[①]，益前进，击蒙古兵之围攻瓦里养（Waliyan）寨者。蒙古兵丧千人，渡般失儿（Panšir）河毁桥而退，与大军合。

成吉思汗闻讯，立遣失吉忽秃忽以三万人（一说四万五千人）往敌。札阑丁亦进军，两军遇于八鲁弯附近十里之地。札阑丁以额明木勒克将右翼，阿格剌黑将左翼，命骑士尽下马，各系马缰于腰而战。右翼先为蒙古军所破，旋得中军左翼之援，阵势遂整，两军反复冲突，互有损伤甚众。如是二日，胜负不决。第二夜，各退还营，失吉忽秃忽欲给敌，命各骑缚氈象人，置手引从马上，骑卒以手扶之，俾敌军知其有援军至。诘朝札阑丁诸将望见敌兵列阵两行，果以为得援，议退，札阑丁持不可，下令仍如昨日步战。蒙古军以前战阿格剌黑军最勇，因悉锐击左翼，左翼攒射之，蒙古军却而复进，花剌子模军阵殁五百人；于是札阑丁吹角，全军上马，大呼突击蒙古军，蒙古军遂溃，得脱还者为数无几。

是役札阑丁虽胜，而不免其军之解体。额明木勒克、阿格剌黑分卤获时，争欲得一阿剌壁种骏马，互不相让。额明木勒克怒举鞭挝阿格剌黑首，札阑丁不加责让，阿格剌黑愤恚，即夜率所部哈剌只、突

---

① 八鲁弯（Parwan），又译八鲁湾，在今阿富汗喀布尔北帕尔旺。

厥蛮之众退走富楼沙，并诱古耳部长阿匝木灭里离叛而去。由是札阑丁所部仅余突厥及花剌子模之众，遂退哥疾宁。已而闻成吉思汗将大军至，复退向申河而去。

成吉思汗闻败讯，以素视失吉忽秃忽若弟，不之责，仅语之曰："狃于常胜，未受挫折，今遭此败，当以为戒。"遂下令整军疾驰，进向哥疾宁，在途二日，行不及炊，至八鲁弯战地，令失吉忽秃忽指示两军布阵处，汗以不善择地责之。进至哥疾宁，则札阑丁已行十有五日矣。城民不抗而降，置一长官治之。仍率军追逐札阑丁，及之于申河河畔。闻其将于次日渡河，乃即夜疾进，击溃兀儿罕（Urqan）所将之花剌子模殿后军，命布阵数列，对河作假月形，进围札阑丁之余众。黎明，（1221年11月24日，一说在12月9日），下令进攻，进薄花剌子模军，破其右翼，右翼士卒死伤大半。统将额明木勒克逃富楼沙，蒙古军杀之于道。左翼亦败，札阑丁仅余七百人，奋勇进战，数欲突围出；蒙古军欲生致之，不发矢，战至日中，札阑丁见重围不开，乃易健马，复为最后一次之突击，蒙古军后却；札阑丁忽回马首，脱甲负盾执纛，从二丈高崖上跃马下投申河，截流而渡。成吉思汗见之，指示诸子曰："此人可为汝曹法也。"止将卒之欲泳水往追者。蒙古军发矢射从渡之花剌子模兵，死者甚夥，河水为赤，尽歼岸上残兵，虏札阑丁眷属，杀其诸子。

札阑丁既跃马横断申河，于战地对岸稍下流处登其东岸，其始孑身无人从，既而将士效之得渡者次第来集。此等残兵百物皆缺，遂抄掠自资。印度之术的（Judi）王以骑兵千人、步兵五千人来逐，札阑丁以四千骑击走印度兵，射杀其将，多所卤获。寻闻蒙古兵渡河来追，乃向底里（Delhi）①退走。

成吉思汗命巴剌（Bala）、朵儿伯朵黑申二将渡河追敌，不得札阑丁踪迹，进围木勒坛（Multan），未能下，以天时酷热解围去；不欲深入，遂蹦印度边地，重渡申河，取道哥疾宁与大军合。

成吉思汗既遣二将渡河后，自率大军于1222年春溯申河右岸上行，以哥疾宁城将来或资敌用，命窝阔台往灭之。窝阔台至哥疾宁，以简括户口为名，命居民尽出，除工匠悉送蒙古外，余悉屠之。

同时也里叛杀蒙古长官，成吉思汗命宴只吉带（Iljigitai）征军五万往平其乱。也里城民誓死守城，围之六阅月又十七日，始拔之；尽屠其民，焚杀掠虏凡七日，相传死者逾百万。蒙古军去后，仅余四十人还居城中。

先是马鲁被屠后，居民避地者爱乡情切，不久渐归。邻近流亡知是地肥沃，亦多从居。时有札阑丁部将一人率少数兵来据此城，杀拖雷所置波斯人之为官者。蒙古兵五千人自那黑沙不来，尽戮其民，死者十万。命一伊斯兰教徒名阿黑灭里（Aq-Mälik）者留驻马鲁，搜杀逃民，民藏不出；阿黑灭里命教士呼民出为公共祈祷，藏者闻呼出祷，悉被捕戮。如是四十一日，此城遂荒。

其弃札阑丁而去之哈剌只、突厥蛮、古耳三部之众，旋发生内讧，互杀主将。成吉思汗遣军往击，三部余众多被歼灭，其余溃散。

1222年，成吉思汗驻夏于巴鲁弯，长春真人丘处机来见。是年11月，班师渡阿母河，进至撒麻耳干，召伊斯兰教教师使说明教义。成吉思汗皆是之，唯不以赴默伽（Mekka）②巡礼一事为然，以为全世

---

① 底里（Delhi），今印度德里。
② 默伽（Mekka），今沙特阿拉伯麦加，是伊斯兰教圣地。

界皆为上帝居宅，任在何地祈祷皆得达于帝所，不必拘拘一地也，已而东行。1223年春，行次昔浑河畔，察合台二子来会。1224年，驻夏于亚历散德（Alexandrovski），山北忽兰巴石（Qulan-basi）之野。先是汗召长子拙赤率其诸子来见，拙赤不至；至是唯遵父命驱野兽至忽兰巴石以供围猎之用，并献马二万匹。嗣后冬夏成吉思汗皆在途中，其二孙忽必烈、旭烈兀（Hulagu）自叶密立之地来见。忽必烈时年十一，射获一兔；旭烈兀九岁，获一鹿。蒙古俗儿童初猎者，应以肉与脂拭中指，兹成吉思汗亲为二孙拭之。1225年春，至秃剌河黑林（Qaratun）之斡耳朵。

第十章

西征之役（下）

先是追逐摩诃末之者别、速不台两军，于摩诃末死后，残破伊剌黑阿者迷诸城；剌夷已先毁，忽木（Qum）①继之。已而进迫哈马丹，城民奉重币迎降，蒙古军置一戍将而去。进破赞章（Zanjan）②后，东取可疾云，城民短兵巷战，大伤蒙古兵；卒以力不能抗，全城被屠，死者四万余人。

二将复引军而北，进薄阿哲儿拜占之都城帖必力思（Täbriz）③，阿哲儿拜占主月即伯年老而嗜酒，不敢以兵抗，馈货币、衣服、马畜而请和，蒙古军遂退出阿哲儿拜占境外。是冬甚寒，以里海沿岸木罕（Muğan）之地草肥而气温，驻冬于此，分兵入谷儿只。

始谷儿只人以蒙古兵驻冬于木罕，天寒未必即出，方分遣使者往约阿哲儿拜占、者疾烈（Jäzirä，Mesopotamie）两国主，俟来春并力合击蒙古军，不意蒙古军突于冬寒之时侵入谷儿只境内。其地之突厥蛮、曲儿式两部人，平时颇受基督教徒凌虐，蓄怨已深，闻蒙古兵进略基督教民之国，多应幕而投麾下，冀得乘机报复，且可饱掠富饶之地以自肥。蒙古兵即以此二部人为前锋，入谷儿只境，所向焚杀。将

---

① 忽木（Qum），今伊朗德黑兰南部城市库姆。

② 赞章（Zanjan），今伊朗里海西南赞詹。

③ 帖必力思（Täbriz），今伊朗西北的大不里士城。

114

抵梯弗利思（Tiflis）^①，谷儿只以军来御，蒙古前锋力战不利，多所损伤，谷儿只军亦因以疲弱。蒙古本军遂乘势继进，突击败之，斩杀过半（1221年2月）。已而蒙古兵还向帖必力思，月即伯复以重馈献，蒙古军舍之；进围马剌合（Marağa）^②，驱伊斯兰教俘虏攻城，退缩者斩；越数日，城陷，蒙古兵屠其居民，焚城而去（3月30日）。

蒙古兵自马剌合进向阿儿比勒（Arbil）^③，以山路险隘，骑难并行，乃转向伊剌黑、阿剌壁，哈里发之辖境也。纳昔儿急征阿儿比勒、毛夕里（Mausil，Mosul）^④、者疾烈三国之兵入援。时者疾烈王已引兵进援埃及，仅有阿儿比勒、毛夕里二国遣军入卫，进屯答忽哈（Daquqa）。哈里发遣军八百人来会，并许续遣大军至，命速进击鞑靼。阿儿比勒王以兵少不足进攻，遣使请于哈里发，请以万骑来，方能驱虏于境外，哈里发不能应。而蒙古兵亦未进击，盖蒙古兵侦悉答忽哈已有一军屯驻，然未知其虚实，未敢进击也。伊斯兰教军见无援至，自度兵少不能战，遂各还其本部。

此军既散，蒙古兵乃进至哈马丹，结营城外，命其所置戍将征发银布以饷军。城民以去岁业已输纳，不堪一再苛索，因迫市长驱逐蒙古戍将。议甫定，民众执戍将杀之。蒙古兵闻报，下令攻城，城民奉律士长（fakih）为帅，开城突击。其始二日战甚勇，蒙古兵多所损折。第三日，城民以律士长不能骑，请市长代将，然市长已携家从地道出亡，城民气沮，虽有死守之决心，然不敢复出战。蒙古兵以

---

① 梯弗利思（Tiflis），今第比利斯，是格鲁吉亚的首都。

② 马剌合（Marağa），今伊朗西北部城市马拉盖。

③ 阿儿比勒（Arbil），今伊拉克北部埃尔比勒。

④ 毛夕里（Mausil，Mosul），又译勿斯离、木发里、麻呵斯离，在今伊拉克北部摩苏尔。《元史·地理志》记载有"毛夕里"。

死伤多，将退；及见城民中止突击，料其意沮，剧攻入之。城民短兵巷战，不敌，卒受屠戮，亘数日，仅藏伏地穴者得免。蒙古兵焚城而去。

蒙古兵北还，破阿儿答比勒（Ardabil）[1]。复于第三次进至帖必力思城下，月即伯闻警避往纳黑出汪（Naqčuvan）[2]，留守帖必力思之将励民防守。蒙古兵知城防甚固，仅索银布而去，进拔撒剌卜（Sarab）[3]，屠之。已而进攻阿儿兰（Arran）[4]境内之拜勒寒（Baileqan）[5]。先是此城居民请蒙古使者来城议和，而背约杀之，至是蒙古兵来讨，攻拔其城，尽杀其男子，女子则辱而后杀，刳孕妇戕其胎（1221年10月）。遂向干札（Ganja），阿儿兰之都城也，城民常与谷儿只人战，以勇敢闻；蒙古兵知不易与，索金帛而去，以兵入谷儿只境。

时谷儿只屯兵于忽难（Qunan）之地，蒙古兵分为二队，者别以五千人设伏，速不台迎战佯败，诱敌入伏中，谷儿只军三万人多半覆没。时谷儿只王剌沙（Laša）新死，女弟鲁速丹（Rhuzudan）嗣位，大将军伊万涅（Ivanä）总军事，闻败讯，仓卒集新军以防蒙古兵深入。新军慑敌兵威，不敢与战，委谷儿只南部于敌，退保梯弗利思。

蒙古兵以谷儿只险隘遍国内，不敢深入，遂饱载卤获，东掠

[1] 阿儿答比勒（Ardabil），又译阿尔达比勒，今伊朗西北部城市。
[2] 纳黑出汪（Naqčuvan），今纳希切万自治共和国，是阿塞拜疆的一块飞地。北邻亚美尼亚，南靠伊朗，西面有一小部分国土和土耳其相邻。
[3] 撒剌卜（Sarab），今伊朗西北部萨拉卜。
[4] 阿儿兰（Arran），位于高加索山以南，库拉河与阿腊斯河之间的一片地区，大部分在今阿塞拜疆境内。
[5] 拜勒寒（Baileqan），在今阿塞拜疆舒沙东南。

设里汪（Širvan）①境，破其都城沙马乞（Samaqi），进拔打耳班（Darband）②，然舍其子城不取，设里汪沙剌失德（Rasid）避兵子城中。蒙古兵欲北逾太和岭（Caucase），苦无向导，乃伪与设里汪沙约和，请遣使来议，及使者十人至，皆国中贵人也，蒙古兵杀其一人，而胁其余人曰："其不善导蒙古军逾太和岭者视此！"

蒙古兵逾山后，阿速、勒思吉思（Lezgiz）、薛儿客速、钦察诸部合兵以御，两军接战，胜负未决。蒙古兵使人给钦察部人曰："彼此皆突厥，曷必助异族而害同类，不如言和，吾曹愿以金帛馈。"钦察人为其甘言重币所饵，遂弃其同盟军而去。蒙古兵进击其他诸部，败之，蹂诸部地。复出不意进袭钦察部众之散归各地者，杀戮甚众，斩其部酋玉里吉（Yurii Končakovič）等，所获逾其所馈。

钦察者，突厥游牧部落也，据有昔日可萨（Kazar）③之地，居黑海、太和岭、里海之北，东起札牙黑水，西抵秃纳（Donau，Danube）水④。12世纪初年，有旧居武川北之库莫奚部西徙，与钦察合，斡罗思人遂名之曰波罗兀赤（Polovčy），欧洲人则名之曰库蛮（Qoman），殆为库莫（Qumaq）一名之转，然后之史家概名之曰钦察。钦察共分十一部，其中之玉里伯里（Ürbeli？）部在元代最著名。

至是钦察经蒙古兵不意之袭击，诸部之众多仓皇委其牧地而

① 设里汪（Širvan），在今里海西岸、阿塞拜疆东部的地方王国。
② 打耳班（Darband），一作铁门关，在今俄罗斯杰尔宾特西。
③ 可萨（Kazar），指可萨汗国，是古代中央亚欧地区的政权名号，属突厥部族。约在公元7世纪前期，可萨突厥在里海北岸伏尔加河下游一带建立政权，大约在10世纪到11世纪被罗斯所灭。可萨汗国最强盛时，领土西起基辅，东抵花剌子模，北起伏尔加河中游的布尔加，南抵克里米亚与高加索。
④ 秃纳水（Donau，Danube），多瑙河旧译。《元史》中有"秃纳河"。

去。有钦察部长名迦迪延（Katyan）者，曾以女妻斡罗思部之伽里赤（Galič，Galicie）王密赤思老（Mstislav），遂率其部众逃入乞瓦（Kiev）①境内，求援于其婿。

当时斡罗思部据地尚小，其东境不逾窝勒伽河之支流斡迦（Oka）河②。境内分为数国，其主皆斡罗思人鲁里克（Rurik）之后裔。9世纪时，鲁里克混一的涅培儿（Dnieper）河③之诸撒吉刺（Saqrab，今称斯拉夫Slaves）民族，嗣后遂概称其民曰斡罗思人④。鲁里克之后裔以国分属诸子，分国而治，唯奉一有大公之号者为主君。大公以乞瓦为都城，1169年时，徙都于兀剌的迷儿（Vladimir）⑤。至是诸藩已多不奉号令，互相争战，伽里赤王密赤思老因妻父之乞援，遂集斡罗思南部诸王于乞瓦，议御敌事，并遣使请兀剌的迷儿大公以兵来助。已而密赤思老纠合乞瓦等部之兵进至的涅培儿河畔。蒙古军遣使来言，无犯斡罗思部意，所讨者其邻钦察，况钦察侵扰斡罗思部有年，不如同蒙古合兵，同分卤获。斡罗思诸王不从，杀蒙古使者，渡的涅培儿河，虏蒙古前锋将，以畀钦察部人杀之。蒙古军欲诱敌远离其境，不战而退。斡罗思军以敌不敢战，蹑迹追逐十二日，至端（Don）河⑥邻近之迦勒迦（Kalka）河⑦，蒙古军列阵以待。伽里赤王自信可以胜敌，不与乞瓦诸部之王相约，独率所部

---

① 乞瓦（Kiev），基辅的旧译。元人称基辅为"乞瓦"。

② 斡迦（Oka）河，今奥卡河，是伏尔加河右岸支流。

③ 的涅培儿（Dnieper）河，今第聂伯河，流经俄罗斯、白俄罗斯、乌克兰，注入黑海。

④ 斡罗思人，俄罗斯的旧译。《元史》记载有"斡罗思"。

⑤ 兀剌的迷儿（Vladimir），今俄罗斯弗拉基米尔。

⑥ 端（Don）河，今顿河。发源于中俄罗斯高地，注入亚速海。

⑦ 迦勒迦（Kalka）河，今乌克兰东部的卡利奇克河，注入亚速海。

渡河进战，为蒙古军所败。伽里赤王弃其将卒，尽焚迦勒迦河上之舟而逃，其军几尽覆没（1223年5月31日）。

乞瓦王营于河畔一高冈上，目击伽里赤军之败而不进援。蒙古军至，仓卒谋守御，然已无及矣，抗守三日，不敌，乞降，唯求免死，蒙古将伪许之。获之以后，缚诸王于地，覆版其上，蒙古将卒坐版上宴饮，诸王皆压毙。

兀剌的迷儿大公已遣军在道，闻败讯，遽引退。蒙古军遂长驱直入斡罗思境，蹂斡罗思南部，进掠可萨半岛（Crimée）①而还。

1223年终，蒙古军东还，蹂窝勒伽、哈马（Kama）②二水上流，不里阿耳部当时所居之地，不里阿耳人以军来拒，蒙古军设伏败之，阵斩甚众。已而取道撒速惕（Sasut，Saqasin）③之地，进至康里部，败其部长霍脱里罕（Qotoz-qan? Qutuz-qan? ）之兵，与就归途之大军合。

先是花剌子模算端诸子在可疾云仓皇出走之时，鲁克那丁走起儿漫，居七月，闻伊剌黑阿者迷之豪族名札马剌丁摩诃末（Jamal ad-Din Muhammad）者谋据其地，鲁克那丁将以兵讨之，进营于剌夷附近。忽闻蒙古将台马思（Taimas）、台纳勒以军进逼，剌夷附近有速敦阿完的（Sutun-Avend）堡，高踞悬崖，素称难取，鲁克那丁入据之。蒙古兵围攻六阅月，攀登拔之，擒鲁克那丁，命之跪拜蒙古汗，鲁克那丁不屈，并亲从同被杀。札马剌丁输款于蒙古军，蒙古军伪许纳降，诱之至，并其从者尽杀之。

---

① 可萨半岛（Crimée），克里米亚半岛的旧译。
② 哈马（Kama），今俄罗斯中西部卡马河。
③ 撒速惕（Sasut，Saqasin），位于伏尔加河下游部族。也有说指外斯拉夫的撒克逊人。

1224年，有蒙古兵三千人来自呼罗珊，袭击营于剌夷附近之花剌子模兵六千人，败之。入剌夷，尽屠前此脱死复还之城民。先是柯伤（Kašan）等城不当蒙古进军孔道，得免，至是亦被残破。蒙古兵追击花剌子模溃兵，复入阿哲儿拜占，营于帖必力思城附近。遣人谕其主月即伯曰："若为藩臣，应执花剌子模人以献，否则视汝为敌。"月即伯不敢违，杀花剌子模将卒数人，送其首于蒙古营，并生执余众以献。蒙古军所求既遂，且得厚赠，遂去帖必力思而归呼罗珊。

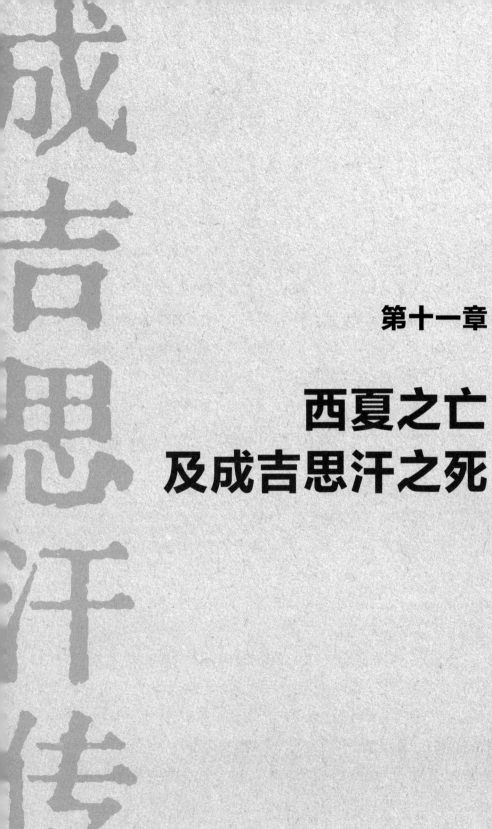

第十一章

西夏之亡
及成吉思汗之死

成吉思汗甫还其<u>斡耳朵</u>，即闻长子<u>拙赤</u>之死讯。先是汗命<u>拙赤</u>经略<u>里海</u>、<u>黑海</u>北方诸地，<u>拙赤</u>未行，汗已不悦；及自<u>西域</u>还<u>蒙古</u>，沿途数召之来见，而<u>拙赤</u>称疾不至，时<u>拙赤</u>实有疾也。有<u>蒙古</u>人自<u>拙赤</u>之地来，汗询以<u>拙赤</u>近状，其人答言甚健，行前尚见其出猎。汗因怒其子违命，欲往讨之。方命<u>窝阔台</u>、<u>察合台</u>先将前锋行，而<u>拙赤</u>死讯至，汗大恸，知其人言不实，所见出猎者乃其部将，而非<u>拙赤</u>本人，欲逮治其罪，则其人已逸去矣。

　　初，<u>成吉思汗</u>西征前，遣使约<u>西夏</u>主遣军从征，<u>西夏</u>臣<u>阿沙甘不</u>（Ašagambu）答使者曰：“力既不足，何必为汗？”不肯发兵。至是<u>成吉思汗</u>追讨其罪，1225年秋，<u>成吉思汗</u>亲征<u>西夏</u>。冬间猎于<u>阿儿不合</u>（Arbuqa）之地，坠马受伤，因得疾。驻于<u>搠斡儿合惕</u>（Jo´orqat），遣使诘责<u>西夏</u>，<u>西夏</u>主答词不逊，<u>成吉思汗</u>仍扶疾进兵。

　　1226年3月，在道得梦不祥，预知死期将届，召<u>窝阔台</u>、<u>拖雷</u>二子至，与共朝食毕，时将校满帐中，汗命诸人暂避，密语二子曰：“我殆至寿终时矣！赖天之助，我为汝等建一大国；自国之中心达于诸方边极之地，皆有一年行程。汝等如欲长保此国，则必须同心御敌。大位必有一人继承，我死后应奉<u>窝阔台</u>为主，不得背我遗命。<u>察</u>

合台不在侧，应使其勿生乱心。"

当时蒙古进兵似取黑水一道，首下黑水城（Qara-Qoto）①。继取甘肃等州及西凉府（额里折兀或阿里淋），驻夏于其附近之察速秃（Časutu）山，此言雪山也。

先是1220年耶律留哥死，帖木格斡赤斤承制以留哥妻姚里氏权领其众。至是姚里氏携子善哥、铁哥、永安，从子塔塔儿，孙收国奴，见成吉思汗于西凉城，汗曰："健鹰飞不到之地，尔妇人乃能来耶！"赐之酒，慰劳甚至。姚里氏奏曰："留哥既殁，官民乏主，其长子薛阇扈从有年，愿以次子善哥代之，使归袭爵。"汗曰："薛阇今为蒙古人矣，其从朕之征西域也，回族人围大太子于合迷城（Qamič? Qimač?），薛阇引千军救出之，身中槊。又于不花剌、薛迷思干与回族人格战，伤于流矢，以是积功为把阿秃儿（Ba´atur），不可遣，当令善哥袭其父爵。"姚里氏拜且泣曰："薛阇者，留哥前妻所出，嫡子也，宜立。善哥者，婢子所出，若立之，是私己而蔑天伦，婢子窃以为不可。"汗叹其贤，给驿骑四十，从征西夏，赐西夏俘人九口、马九匹、白金九锭，币器皆以九计，许以薛阇袭爵，而留善哥、塔塔儿、收国奴于汗所，唯遣其季子永安从姚里氏东归。

是年秋，逾沙陀至黄河九渡，渡河，十二月，攻拔灵州②，即蒙古语之朵儿蔑该（Dormägai）也。西夏主命嵬名令公自中兴率兵五十万来御，汗败之于黄河沿岸之一平原中。

1227年春，成吉思汗留兵攻中兴府，自率师徇下黄河南岸诸地。是夏，驻夏于六盘山，金遣完颜合周、奥屯阿虎来请和。金主所馈物

① 黑水城（Qara-Qoto），即西夏黑水古城，在今内蒙古阿拉善盟额济纳旗。
② 灵州，即今宁夏银川市灵武。

有美珠满盘，成吉思汗以赏诸将之穿耳环者。其无耳环者至穿耳以求之。余珠散地上，任人取之。

时西夏之地尽平，其民穿凿土石以避锋镝，免者百无一二，白骨蔽野。是年7月，西夏主久被围于中兴府，穷蹙乞降，唯请限一月后献城，成吉思汗许之，并约以后待之若子。

成吉思汗进至灵州，得疾甚剧，病八日死。时在1227年8月25日，得年七十三岁。临危时谓左右曰："金之精兵在潼关，南据连山，北限大河，难以遽破。若假道于宋，宋、金世仇，必能许我，则下兵唐、邓，直捣大梁，金急必征兵潼关。然以数万之众千里赴援，人马疲弊，虽至弗能战，破之必矣。"同时嘱诸将死后秘不发丧，待西夏主及期出城来谒时，执杀之。后诸将果遵遗命杀西夏主。复议屠中兴，有西夏将原从蒙古者谏止之。

诸将奉成吉思汗柩归蒙古，秘其丧不使人知，在道遇途人尽杀之。还至怯绿连河源之旧营，始发丧。陆续陈柩于其诸大妇之斡耳朵中，诸宗王、公主、统将等得拖雷讣告，皆自各地奔丧而来，远道者三日始至。举行丧礼后，葬之于斡难、怯绿连、秃剌三水发源之不儿罕合勒敦诸山之一山中。先是成吉思汗曾至此处息一孤树下，默思移时；起而言曰："死后欲葬于此。"故诸子遵遗命葬于其地，不起坟垅。葬后周围树木丛生，成为密林，不复能辨墓在何树之下。后裔数人亦葬于此，命兀良合部千人守之，《元史》名其地曰"起辇谷"，今日尚未发现其地云。

附录

《多桑蒙古史》节选

（瑞典）多桑 著　冯承钧 译

成吉思汗作战优越之原因——其军队之性质——其军制——其围猎——其法令——其妻妾

成吉思汗遗一广大帝国于其诸子，其中大部分皆为荒芜之地，游牧部落居焉。别一部分则经其军队所残破，人民减少。其士卒得亚洲之卤获而致富者，视此位列本族于其他民族上，而蔑视大地诸君主之人，如同神灵。前此鞑靼民族中最窘苦者，莫逾蒙古。此辈昔在气候不良之下，鞑靼地域最高地域之中，度其游牧生活。仅部长独有铁镫①，其贫可知。此种若干半野蛮之游牧小部落之酋长，与否运相抗者，为时久矣。终致遂其野心。其始也，战胜其所奉之主君，已而降人聚其麾下，率以陆续征服其他诸鞑靼民族。终率之进取中国及波斯之地，而以此种繁盛国家饱其贪欲。其经略之地广大无限，奉之为主者，何啻民族百种？其在狂傲之中，竟欲完成世界之侵略，自以为天

① 见《世界侵略者传》第一册。——本篇注释为原书注。

以国付之。卒于破坏之中得疾而死，尚嘱诸子续成其伟大计划。

成吉思汗之胜利，盖因其意志之强，才具之富，而使用一切方法有以致之。凡有机可乘，皆以狡计阴谋济其兵力之穷。其破坏行为有类天灾。威名远播，致使被侵之民族畏慑而不敢自卫。历来蔑视人类之人，无逾此侵略家者。而具有野心之首领所部军队之适于其计划者，亦莫逾斯人。部众常以游牧为活，任在何时，生活皆同士卒。负灶以行，只须地有牧场供其马畜之水草，即足自给。由其战争之习惯，行动之迅速，益以成吉思汗纪律之严肃，故优于其他诸国军队。鞑靼地域诸部落，凡能执兵者皆为战士。每部落分为十人小队，就十人中选一人为之长，而统其余九人；合十夫长九人共隶于百夫长一人；九百夫长属一千夫长；九千夫长属一万夫长。君主之命令由其传令之军校达于诸万夫长，复由万夫长按次以达十夫长。各部落各有其居地，设有攻伐，需要士卒，则于每十人中签发一人以至数人。禁止将校收录他队之人于本队之中，虽亲王亦不得收容欲背其首领来投之人。此种禁令愈使隶属关系巩固，下之服从上命，毫无限制。成吉思汗对于将校之有过者，只须遣派一最微贱之臣民，已足惩之。此将虽在极远之地，统兵十万，亦应遵守使者所传之命。若为受杖，则应伏于地；若为死刑，则应授其首。术外尼云："此与他处①所见者异。一旦有金钱购入之奴、厩中有十马、其主之为君者，则不复以恶言加之。其受命统率军队者，尤应重视可知也。凡统将之因财富名望而有威权者，鲜不以兵抗其恩主。此种将校每至出征之时，不问为击敌，或却敌，必须有数月之准备，索军饷于国库。士卒之额在平时已有虚

---

① 他处盖指回教诸国之统将而言。

报，检阅时势须互相假用士卒以补其阙。"①

鞑靼则反是。其战士不特无饷，每年且应献纳于其长，马若干匹，畜若干头，毡及他物若干事。人不因从军而免其赋役，其妻，或留居其庐帐之他人，应代其负担之②。成吉思汗云："人不能如太阳在在皆能照临也。设若夫在战中，抑在猎中，其妻应整理家务，俾汗之使臣或其他旅客顿止其庐舍者，见其家整而供客之食丰，此足为其夫之荣，则知妻之能即可知夫之能。"

成吉思汗欲诸将时常使其士卒有所准备，俾能奉命立即登骑出发，汗曾云："其善将十人者，堪以十人委之。第若十人长不知驭其小队，我则并其妻子一同处死，在十人中别选一人以代之。"汗命诸将于每年初亲来聆其命令训教，曾云："应来聆训而留其营地者，其命运将如一石之坠入深水，一矢之射入芦丛，将亡而不存。此辈不堪典兵也。"汗欲诸将勤教子弟骑射角力，俾其冀在其勇武之中得富贵，如同商人在布帛中置金锦及其他贸易之珍物也。

汗自言其用人常各视其所能。据云："智勇兼备者，使之典兵。活泼跷捷者，使之看守辎重。愚钝之人则付之以鞭，使之看守牲畜。我由此意，并由次序纪律之维持，所以威权日增，如同新月，得天之保佑，地之敬从。我之后人继承我之威权者，能守同一规例，将在五百年千年万年之中，亦获天佑。上帝将恩宠之，人类将祝颂之，则在位久而尽享地上之乐矣。"③

汗曾嘱其诸继承人，用兵以前，必须检阅其队伍，审视士卒之

---

① 见《世界侵略者传》第一册。

② 见《世界侵略者传》第一册。

③ 见《史集》。

兵械。每人除弓、矢、斧外，必须携一镞，用以砺弩，并携一筛、一锥及针线等物，缺一者罪之。兵械最备者，并持一微曲之刀，头戴皮兜，身衣皮甲，甲上覆铁片。蒙古汗曾遗留有作战及待遇降民与侵略地之训教[1]。其条规未留传至于今日，仅于当时之著作中窥见其一二记录。然蒙古侵略亚、欧诸国之历史，以及13世纪欧洲旅行家之行纪，已足使吾人知其战术之要略也。

成吉思汗进取一地以前，先使人谕其主来降，其谕降语颇简略，而殿以是语云："设汝不降，将来之结果仅有上帝知之。"[2]其君主为蒙古之藩臣者，必须以人为质。献其户口之数，于各地设置蒙古长官。献纳重赋，其额常以本地出产十分之一为准。出产云者，包括人类而言，盖此辈蛮人视人类如同牲畜也。其不战而降之民族之命运，亦不能优于被侵略地之民族，惟其破坏较缓而已。终不免蒙古戍将之专擅与诛求，盖其一切行为皆印刻有野蛮弊政之痕迹也。

蒙古出征以前，先集诸宗王、统将为大会（Couriltaï），决定军队之构成，十人中调发若干人，会师之地域及时期。成吉思汗未入敌境之前，必先侦其国内状况，招敌境中怨望之人做内应，或以掠其同国人之物饵之，或以高位诱之。蒙古兵侵入一地，各方并进，分兵屠诸乡居民，仅留若干俘虏，以供营地工程或围城之用。其残破一地，必屯兵于堡寨附近，以阻戍兵之出。设有大城难下，则先蹂其周围之地。围攻之时，常设伏诱守兵出，使之多所损伤。先以逻骑诱守兵及居民出城，城中人常中其计。蒙古兵环城筑垒，驱俘虏于垒下，役之使做最苦而最危险之工事。设被围者不受其饵，抑不畏其威胁，则填

---

① 见《世界侵略者传》第一册。

② 见《世界侵略者传》第一册。

平壕堑，以炮攻城。强俘虏及签军先登，更番攻击，日夜不息，务使围城中人不能战而后已。成吉思汗曾在中国、波斯两地募有工师，制造当时所用之战具。蒙古兵之毁敌城也，水火并用，或用引火之具，或引水以灌之。有时掘地道攻入城内，有时用袭击方法，弃其辎重于城下，退兵于距离甚远之地，不使敌人知其出没，亟以轻骑驰还，乘敌不备，袭取其城。蒙古兵之围一城也，未下而解围去之事甚鲜。设城堡地势险要，难以力取，则久围之，且有围之数年者。蒙古兵多用诈术，不惜为种种然诺，诱敌开城，城民之过于轻信开城乞降者，蒙古兵则尽屠之。虽先发重誓，许城民不死，亦然。凡大城皆不免于破坏，居民虽自动乞降，出城迎求蒙古兵之悲悯者，仍不免于被屠。盖蒙古兵不欲后路有居民，而使其有后顾之忧也。此辈不重视人命，仅见有立时之卤获，与其畜群之牧地而已[1]。

敌军逼近之时，则亟将散处各地之兵集于一所。蒙古兵宁用诈术破敌，而不常使用兵力。此辈并不以侠勇自负，观其作战之法，可与猛兽共比拟，务必尽其所能，袭破敌军，诱之中伏。设敌兵力强，则退走数日行程之远，或据一险要，以待援军之至。其在包围战中，若见被围者之勇抗，则开围之一面，于被围者溃走不成列时击之。有时佯败，诱敌来追。顾蒙古人武装轻，每人各有马数匹，追见敌骑疲弊之时，则易健马驰还击之。抑于退走时展其两翼，返而合围敌兵之轻进者。其遇敌也，先在远处发矢，败走时亦控弦以射，仅于战胜时使用白刃。其队伍遵守一定信号，运用极其敏捷。其散逃者及战时不战

---

① Vincent 之《史鉴》（卷二十九）所志 13 世纪蒙古民族之情形，忠实无误，大致取材于 1245 年教皇使者之行纪。盖当时教皇曾遣教师四人往说近地之鞑靼人归向基督之教也。

而肆掠者，皆处死刑。

蒙古兵在远征之中，每年休养士马数月。然于进至屯驻地以前，必先蹂其四围之地甚远，俾能自保，然后饱载所掠之物，休兵于其地。役使所俘之多数俘虏，是皆因年幼貌美而获免之男女也。此辈不幸之人，命运较死于蒙古兵锋镝之下者更为可悯，体无完衣，饥饿疲弱，待遇如同最贱之牲畜①。军中之幼妇万千，习于亚洲人之奢侈，遵守东方风俗及回教法律，生长于深闺之中者，曾见其亲属被杀，自身被虏，而随此种貌丑行恶之蛮人，以供其玩具之用。

成吉思汗为安全保其略地，不惜尽屠其居民，毁其城堡。破坏盖为蒙古战略中之一要则，成吉思汗在其训教中，曾命将不降者及叛者尽歼之。根据鞑靼民族之残猛的战事法律，败者之眷属、财产皆为胜者所得。设在一地丁口繁众，蒙古兵则除其所欲保存者外，余尽杀之。设其留存若干以供攻击其同国人之用者，退兵时仍不免于一死。

蒙古人由其强迫俘虏之劳役，由其征发藩国或战败民族之签军，由其收容贪得文明国家卤获之其他游牧民族于其麾下，由其在最危险之境况中役使俘虏及辅助军队，种种事实，所以虽在长期远征之中，多数围城流血之役，蒙古兵数未见减少。而其游牧生活尤足使其不受南方气候之害也。

成吉思汗曾云："在平和时，士卒处人民中必须温静如犊；然在战时击敌，应如饿鹘之搏猎物。"

一日言诸将之能云："人之最勇者，无逾也速台（Yessoutai），长行不疲，不感饥渴，人莫能也。然不可使将兵，盖其视将卒犹己

---

① Vincent de Beauvais 书（第二十九卷第二十六章）云，有时鞑靼人预选一奴以供后来殉葬之用。

也。凡为将者必须能感饥渴，推己及所将之士卒，应使军行有节，爱惜士马之力。"

成吉思汗一日问那颜<u>不儿古赤</u>，人生何者最乐。答曰："春日骑骏马，拳鹰鹘出猎，见其搏取猎物，斯为最乐。"汗以此问历询<u>不儿古勒</u>等诸将，诸将所答与<u>不儿古赤</u>同。汗曰："不然，人生最大之乐，即在胜敌，逐敌，夺其所有，见其最亲之人以泪洗面，乘其马，纳其妻女也。"①

成吉思汗在其教令中嘱诸子练习围猎，以为猎足以习战。<u>蒙古</u>人不与人战时，应与动物战。故冬初为大猎之时，<u>蒙古</u>人之围猎有类出兵。先遣人往侦野物是否繁众，得报后，即命周围一月程地内屯驻之部落，于每十人中签发若干人，设围驱兽，进向所指之地。此种队伍分为左翼、右翼、中军，各有将统之，其妻妾尽从。此种队伍进行之时，各方常遣军校以野物之状况及驱至何所等事报告其君主。其始也猎围甚广，嗣后士卒肩臂相摩而进，猎围逐渐缩小。至所指之地，止于周围二三程之猎围，以绳悬毡结围以限之。猎者应注意其行列，怠者杖之。汗先偕其妻妾从者入围，射取不可以数计之种种禽兽为乐。及其倦也，则止于围中之一丘上，观宗王、那颜、统将等射猎，其后寻常将校继之，最后猎者为士卒。如是数日，及禽兽已少，诸老人遂至汗前，为所余之猎物请命，乃纵之，俾其繁殖，以供下次围猎之用。至是掌膳之臣俵散猎物，共宴乐八日后，诸队伍各还营地②。

成吉思汗仿<u>中国</u>制度，于大道上设置驿站，以供官吏使臣旅行之需。由居民供给驿马，驿递夫之食粮，以及运输贡物之车辆，亦由居

---

① 见《史集》。
② 见《世界侵略者传》第一册。

民供应之。定有一种规章，使用驿马者应遵守之。先是经行鞑靼地域之外国人，常受其地多数独立部落之劫掠。自是以后，有一种严重之警巡，道途遂安①。

成吉思汗以法律严禁当时鞑靼民族中流行之恶习，汗曾云："先是窃盗奸通之事甚多，子不从父教，弟不从兄教，夫疑其妻，妻忤其夫，富不济贫，下不敬上，而盗贼无罚；然至我统一此种民族于我治下以后，我首先着手之事，则在使之有秩序及正义。"②

其法典对于杀人、窃盗、通奸、鸡奸等罪，处以死刑。其于第三次丧失他人寄托之财货者，其收留逃奴或拾物者，其在战中拾得衣物或兵械而不归还其主者，其以巫蛊之术害他人者，其在决斗中偏助一人者，并处死刑③。犯罪者除现行犯外，非自承其罪者不处刑，然常用拷掠使之自承。窃盗之物不重者仅予杖④。

成吉思汗曾以鞑靼民族之若干迷信订入法律，以为无数毫无关系之事实，可以致灾，或致雷殛，此其所深畏者也。故严禁溺于水中或灰烬之上，严禁跨火、跨桌、跨磔，严禁洗涤衣服，应服之至于破

---

① 见《世界侵略者传》第一册，《史集》。

② 见《史集》。

③ 见阿合马本马克利齐（Ahme dlbn-ul-Macrizi）撰《埃及志》（Kitab ul movaïz v-el iti-bar, bi zikr-il Khittat v-el Assar），巴黎图书馆阿剌壁文写本，第三册"大侍从官"（Hadjib）条。

④ 见鲁不鲁乞撰《鞑靼地域行纪》第十章，马可波罗撰《东方行纪》第一卷第六十章。

敝。成吉思汗不愿人言物污，其意以为凡物皆洁[1]。

其杀所食之动物，必须缚其四肢，破胸入手紧握其心脏，如仿回教徒杀牲者，则应如法杀其人[2]。

成吉思汗欲蒙古人于进食时，对于在座之来宾，必须大加款待，不许拒绝。主先尝馔，然后奉客，虽地位悬绝者亦如是也[3]。

成吉思汗颇反对饮酒无节，据云："醉人聋瞆昏瞆，不能直立，如首之被击者。所有学识艺能，毫无所用，所受者仅耻辱而已。君嗜酒则不能为大事，将嗜酒则不能统士卒，凡有此种嗜好者，莫不受其害。设人不能禁酒，务求每月仅醉三次，能醉一次更佳，不醉尤佳。然在何处觅得此不醉之人欤？"

成吉思汗命其后裔切勿偏重何种宗教，应对各教之人待遇平等。成吉思汗认为奉祀之神道与夫崇拜之方法毫无关系。本人则自信有一主宰，并崇拜太阳，而遵从珊蛮教之陋仪。

各宗派之教师、教士、贫民、医师及其他学者，悉皆豁免赋役。

---

[1] 见《世界侵略者传》第一册，《史集》，《埃及志》。鲁不鲁乞（第九章）云：蒙古妇女从不洗涤衣服，以为洗后悬晒时，必致天怒，而遭雷殛。从不洗濯食盘，仅以热羹涤之，涤毕仍以羹置釜中。迦儿宾所志亦同。Pallas（Samlungen hist Nachrichten 第一册一三一页）引有史家迦阿不哈齐书所载成吉思汗之法令，谓今日喀耳木人尚谨守此法，不以水涤家用器物，仅以干草或毛毡拭之。迦儿宾（Jean du Plan Carpin）云：鞑靼人不敢以刀触火，不敢以刀取肉于釜中，不敢在火旁以斧击物，此外尚有迷信不少，疑皆因恐得罪五行所致。

[2] 见《世界侵略者传》第一册，《史集》，《埃及志》：喀耳木人杀羊仍用此法。Pallas（第一册一二八页）云：以羊仰卧，而洞其胸，入手出其心脏。此即成吉思汗时代输入蒙古民族中杀牲之法。喀耳木人亦云然也。

[3] 见《埃及志》，《史鉴》第二十九卷第七十五章所志亦同。据云：蒙古人性极贪，至欲尽得所见他人之物，常张手以求之，闭手以拒人求，吝啬之极。虽畜群富饶，仅杀病畜而食。家财虽富，从不以赈贫者。然其唯一可赞赏之行为，则在凡见来宾，皆奉食以饷之也。其进食方法极不洁净，甚至食鼠、犬、猫肉而自甘，且闻其炙煮人肉为食云。可并参照迦儿宾之行纪。

成吉思汗轻视亚洲君主所习用之尊号，曾命其后裔勿采用之。所以继承诸人仅称曰汗，或可汗。诸宗王可径称其主之名，此名在书信及封册中，毫无何种荣号附丽其间。成吉思汗中书省所撰之文书，措辞简洁，不喜波斯文体浮华之弊①。当时征服西域河中之时，曾录用算端摩诃末之书记某，会得哲别报告，言及毛夕里王别都鲁丁盧盧（Bedr-ud-din Loulou）妨其进取西利亚事。成吉思汗命此书记做书谕毛夕里王，口授其词曰："天以大地之国委付吾人，其降附而任我军之通过其境者，得保有其家国财产；拒者仅有天帝知其运命。设别都鲁丁来降，则以友待之；否则大军一至，毛夕里之运命，不堪问矣。"书记乃用波斯语撰此书，文体极为浮华，回教国王冠号概未遗漏。成吉思汗命侍从官答失蛮翻译为蒙古语，闻之不悦。语此书记云："此非我所授之词也。"书记答曰："习用之文体如此。"成吉思汗怒曰："是足为叛人也！汝做此书，毛夕里王见之必更骄盈。"遂杀其人。②

成吉思汗曾命将其法令训教用畏吾儿字写蒙古语，传示国中蒙古青年。此种法规名曰大法令（Ouloug Yassa）③，由其后裔保藏之。国有大事，诸王集议，取此卷子本之成吉思汗遗教出，敬谨读之④。成吉思汗以其子察合台秉性严肃，特命其监督法令之施行。汗曾曰：

① 见《世界侵略者传》第一册。然在 13 世纪欧洲诸旅行家之行纪中，及成吉思汗后人之若干文书中，曾见其仿中国皇帝而加天子之号也。

② 见《史集》。

③ 钧案：此系突厥语名，故与蒙古语名异。

④ 成吉思汗法令之规条，散见于术外尼书、剌失德书、《史鉴》《埃及志》等著作中。《埃及志》乃得之于其友者，其人曾在报达之木思坦昔儿（Mostanssir）学院文库中得见《成吉思汗法令》一部也。可参照此书第三册"侍从官"条。剌失德书中有一段，似谓此种法令乃在 1225 年自波斯还其斡耳朵时编纂成文。盖剌失德云："至是，此汗遂发布详细法令焉。"

"后人若不遵守彼之超出他人上而巩固其政权之训教者，若不在维持严格之服从者，则其国不久必将动摇，而其衰微可计日而待也。至是欲求成吉思汗晚矣。"

汗又云："我之后人将必衣金锦，食美食，跨骏马，拥美妇，而不一思此乐之基于何人也。"①

成吉思汗之妻妾近五百人，诸妾皆得之于各国俘虏或蒙古妇女之中者。按照当时成立之蒙古俗，而为成吉思汗后人遵守者，君主与诸宗王皆得选美女于诸部落中。凡属于十人队者，由百夫长选其最美者献之千夫长，千夫长复选以献万夫长，万夫长复选以进之于汗。汗所不留者，则或赐之诸妻为侍女，或还其家②。

成吉思汗诸妻中有大妇之号者五人，位最高。第一人名孛儿帖，有夫人（fougin）之号。夫人者，中国皇帝所授后妃以下之称也③。孛儿帖者，弘吉剌部长特因（Taïn）那颜之女也，生术赤、察合台、窝阔台、拖雷四子及五女，并配诸部长。蒙古家族中位最高之妻，权较余妻为大，所生子之地位亦随母而尊。故孛儿帖之诸子地位优于余子。诸妻位次第二者曰忽兰，蔑儿乞一部长之女也。生一子曰阔列坚（Goulgan）。位次第三及第五者曰也速哈惕（Yissoucat）、也速伦（Yissouloun），姊妹二人，皆塔塔儿部人也。位次第四者曰阔阔出（Gueukdjou），金国皇帝之女也。此外成吉思汗诸妻中尚有王罕之侄女一人，太阳汗之寡妇一人，余妻皆属诸将及诸游牧部长之女④。

---

① 见《史集》。
② 见《世界侵略者传》第一册。迦儿宾云：皇帝欲索某人之女或姊妹者，其人应立进之。每年或每二年或三年，集其国之女子亲选之，留所喜者，余以赐其宫廷之人。
③ 见冯秉正书第六册四十页。
④ 见《史集》。

成吉思汗一夜息于阿必哈（Abica）[1]帐中，阿必哈者，王罕侄女，而札合敢不之女也。汗夜得恶梦，及醒，语阿必哈曰："今得恶梦，天欲我以汝赐他人。"遂劝其勿怨。语毕大声问帐外何人番卫，是夜卫者为那颜客惕（Kehti）[2]，闻呼自言其名。汗命之入，告以赐阿必哈之意。客惕惊不敢对，汗语以所言实。遂以阿必哈所居之斡耳朵并其侍从衣物、马群、牲畜尽赐阿必哈，仅留主膳官一人、金盏一尊以为遗念。阿必哈遂为客惕之妻。客惕者，蒙古兀鲁兀部之那颜，统率左翼军四千户者也[3]。

---

① 钧案：《元秘史》卷八作亦巴合。《元史》卷一二〇《术赤台传》作木八哈。木应为亦之讹，洪武本《元史》虽亦作木，然其根本脱误之例，颇不少见，则此名应改作 Ibaca。

② 钧案：《元秘史》作主儿扯歹。《元史》作术赤台。此二名皆是（Djourtchetï）之对音，犹言"女真的"。多桑此处译写疑误。抑多桑以其事属主儿扯歹之子客台，则客惕是客台之误。

③ 见《史集》"蒙古兀鲁兀部"条。成吉思汗与孛儿帖生五女，长女豁真别吉（Coutchi Bigui）下嫁亦乞剌思部帖浑秃忽（Tégoun Toucou）之子，次女扯扯干（Tchitchégan）下嫁兀都亦惕蔑儿乞王忽秃哈别吉之子秃剌勒赤（Touraldji），三女阿剌海别吉（AlacaïBigui）下嫁汪古王之子镇国（Tchincouï），四女秃马伦（Toumaloun）下嫁弘吉剌王子古儿干（Gongan，钧案：古儿干即《元秘史》之古列坚，犹言驸马。此人应是本书第四章著录之赤乞，此处脱人名），五女阿勒塔伦（Altaloun）下嫁斡勒忽讷惕部长太丑（Taïdjou）之子察威儿薛禅（Tchaver Satchan）。并见《史集》。

元史 · 太祖本纪

　　太祖法天启运圣武皇帝，讳铁木真，姓奇渥温氏，蒙古部人。

　　其十世祖孛端叉儿，母曰阿兰果火，嫁脱奔咩哩犍，生二子，长曰博寒葛答黑，次曰博合睹撒里直。既而夫亡，阿兰寡居，夜寝帐中，梦白光自天窗中入，化为金色神人，来趋卧榻。阿兰惊觉，遂有娠，产一子，即孛端叉儿也。孛端叉儿状貌奇异，沉默寡言，家人谓之痴，独阿兰语人曰："此儿非痴，后世子孙必有大贵者。"阿兰没，诸兄分家赀不及之。孛端叉儿曰："贫贱富贵，命也，赀财何足道！"独乘青白马，至八里屯阿懒之地居焉。食饮无所得，适有苍鹰搏野兽而食，孛端叉儿以缰设机取之，鹰即驯狎，乃臂鹰猎兔禽以为膳，或阙即继，似有天相之。居数月，有民数十家自统急里忽鲁之野逐水草来迁。孛端叉儿结茅与之居，出入相资，自此生理稍足。一日，仲兄忽思之，曰："孛端叉儿独出而无赀，近者得无冻馁乎？"即自来访，邀与俱归。孛端叉儿中路谓其兄曰："统急里忽鲁之民无所属附，若临之以兵，可服也。"兄以为然，至家，即选壮士，令孛端叉儿率之前行，果尽降之。

　　孛端叉儿殁，子八林昔黑剌秃合必畜嗣，生子曰咩撚笃敦。咩撚笃敦妻曰莫拿伦，生七子而寡。莫拿伦性刚急。时押剌伊而部有群

137

小儿掘田间草根以为食，莫拿伦乘车出，适见之，怒曰："此田乃我子驰马之所，群儿辄敢坏之邪？"驱车径出，辗伤诸儿，有至死者。押剌伊而忿怨，尽驱莫拿伦马群以去。莫拿伦诸子闻之，不及被甲，往追之。莫拿伦私忧曰："吾儿不甲以往，恐不能胜敌。"令子妇载甲赴之，已无及矣。既而果为所败，六子皆死。押剌伊而乘胜杀莫拿伦，灭其家。唯一长孙海都尚幼，乳母匿诸积木中，得免。先是莫拿伦第七子纳真，于八剌忽民家为赘婿，故不及难。闻其家被祸，来视之，见病妪十数与海都尚在，其计无所出。幸驱马时，兄之黄马三次掣套竿逸归，纳真至是得乘之。乃伪为牧马者，诣押剌伊而。路逢父子二骑先后行，臂鹰而猎。纳真识其鹰，曰："此吾兄所擎者也。"趋前绐其少者曰："有赤马引群马而东，汝见之乎？"曰："否。"少者乃问曰："尔所经过有凫雁乎？"曰："有。"曰："汝可为吾前导乎？"曰："可。"遂同行。转一河隈，度后骑相去稍远，刺杀之。絷马与鹰，趋迎后骑，绐之如初。后骑问曰："前射凫雁者吾子也，何为久卧不起耶？"纳真以鼻衄对。骑者方怒，纳真乘隙刺杀之。复前行，至一山下，有马数百，牧者唯童子数人，方击髀石为戏。纳真熟视之，亦兄家物也。绐问童子，亦如之。于是登山四顾，悄无来人，尽杀童子，驱马臂鹰而还，取海都并病妪，归八剌忽之地止焉。海都稍长，纳真率八剌忽怯谷诸民，共立为君。海都既立，以兵攻押剌伊而，臣属之，形势浸大，列营帐于八剌合黑河上，跨河为梁，以便往来。由是四旁部族归之者渐众。

海都殁，子拜姓忽儿嗣。拜姓忽儿殁，子敦必乃嗣。敦必乃殁，子葛不律寒嗣。葛不律寒殁，子八哩丹嗣。八哩丹殁，子也速该嗣，并吞诸部落，势愈盛大。也速该崩，至元三年十月，追谥烈祖神元皇帝。

初，烈祖征塔塔儿部，获其部长铁木真。宣懿太后月伦适生帝，手握凝血如赤石。烈祖异之，因以所获铁木真名之，志武功也。

族人泰赤乌部旧与烈祖相善，后因塔儿不台用事，遂生嫌隙，绝不与通。及烈祖崩，帝方幼冲，部众多归泰赤乌。近侍有脱端火儿真者亦将叛，帝自泣留之。脱端曰："深池已干矣，坚石已碎矣，留复何为！"竟率众驰去。宣懿太后怒其弱己也，麾旗将兵，躬自追叛者，驱其太半而还。

时帝麾下搠只别居萨里河。札木合部人秃台察儿居玉律哥泉，时欲相侵凌，掠萨里河牧马以去。搠只麾左右匿群马中，射杀之。札木合以为怨，遂与泰赤乌诸部合谋，以众三万来战。帝时驻军答兰版朱思之野，闻变，大集诸部兵，分十有三翼以俟。已而札木合至，帝与大战，破走之。

当是时，诸部之中，唯泰赤乌地广民众，号为最强。其族照烈部，与帝所居相近。帝尝出猎，偶与照烈猎骑相属。帝谓之曰："今夕可同宿乎？"照烈曰："同宿固所愿，但从者四百，因糗粮不具，已遣半还矣，今将奈何？"帝固邀与宿，凡其留者，悉饮食之。明日再合围，帝使左右驱兽向照烈，照烈得多获以归。其众感之，私相语曰："泰赤乌与我虽兄弟，常攘我车马，夺我饮食，无人君之度。有人君之度者，其惟铁木真太子乎？"照烈之长玉律，时为泰赤乌所虐，不能堪，遂与塔海答鲁领所部来归，将杀泰赤乌以自效。帝曰："我方熟寐，幸汝觉我，自今车辙人迹之途，当尽夺以与汝矣。"已而二人不能践其言，复叛去。塔海答鲁至中路，为泰赤乌部人所杀，照烈部遂亡。

时帝功德日盛，泰赤乌诸部多苦其主非法，见帝宽仁，时赐人以裘马，心悦之。若赤老温、若哲别、若失力哥也不干诸人，若朵郎吉、若札剌儿、若忙兀诸部，皆慕义来降。

帝会诸族薛彻、大丑（及薛彻别吉）等，各以旄车载湩酪，宴于斡难河上。帝与诸族及薛彻别吉之母忽儿真之前，共置马湩一革囊；薛彻别吉次母野别该之前，独置一革囊。忽儿真怒曰："今不尊我，而贵野别该乎？"疑帝之主膳者失丘儿所为，遂笞之。于是颇有隙。时皇弟别里古台掌帝乞列思①事，播里掌薛彻别吉乞列思事。播里从者因盗去马靮，别里古台执之。播里怒斫别里古台，伤其背。左右欲斗，别里古台止之，曰："汝等欲即复仇乎？我伤幸未甚，姑待之。"不听，各持马乳橦疾斗，夺忽儿真、火里真二哈敦以归。薛彻别吉遣使请和，因令二哈敦还。会塔塔儿部长蔑兀真笑里徒背金约，金主遣丞相完颜襄率兵逐之北走。帝闻之，发近兵自斡难河迎击，仍谕薛彻别吉率部人来助。候六日不至，帝自与战，杀蔑兀真笑里徒，尽虏其辎重。

帝之麾下有为乃蛮部人所掠者，帝欲讨之，复遣六十人征兵于薛彻别吉。薛彻别吉以旧怨之故，杀其十人，去五十人衣而归之。帝怒曰："薛彻别吉曩笞我失丘儿，斫伤我别里古台，今又敢乘敌势以陵我耶！"因率兵逾沙碛攻之，杀虏其部众，唯薛彻、大丑仅以妻孥免。越数月，帝复伐薛彻、大丑，追至帖烈徒之隘，灭之。

克烈部札阿绀孛来归。札阿绀孛者，部长汪罕之弟也。汪罕名脱里，受金封爵为王，番言音重，故称王为汪罕。

初，汪罕之父忽儿札胡思杯禄既卒，汪罕嗣位，多杀戮昆弟。其

---

① 乞列思，华言禁外系马所也。——本篇注释为原书注。

140

叔父菊儿罕率兵与汪罕战，逼于哈剌温隘败之，仅以百余骑脱走，奔于烈祖。烈祖亲将兵逐菊儿罕走西夏，复夺部众归汪罕。汪罕德之，遂相与盟，称为按答①。烈祖崩，汪罕之弟也力可哈剌，怨汪罕多杀之故，复叛归乃蛮部。乃蛮部长亦难赤为发兵伐汪罕，尽夺其部众与之。汪罕走河西、回鹘、回回三国，奔契丹。既而复叛归，中道粮绝，挏羊乳为饮，刺橐驼血为食，困乏之甚。帝以其与烈祖交好，遣近侍往招之。帝亲迎抚劳，安置军中振给之，遂会于土兀剌河上，尊汪罕为父。

未几，帝伐蔑里乞部，与其部长脱脱战于莫那察山，遂掠其资财、田禾，以遗汪罕。汪罕因此部众稍集。

居亡何，汪罕自以其势足以有为，不告于帝，独率兵复攻蔑里乞部。部人败走，脱脱奔八儿忽真之隘。汪罕大掠而还，于帝一无所遗，帝不以屑意。

会乃蛮部长不欲鲁罕不服，帝复与汪罕征之。至黑辛八石之野，遇其前锋也的脱孛鲁者，领百骑来战，见军势渐逼，走据高山，其马鞍转坠，擒之。曾未几何，帝复与乃蛮骁将曲薛吾、撒八剌二人遇，会日暮，各还营垒，约明日战。是夜，汪罕多燃火营中，示人不疑，潜移部众于别所。及旦，帝始知之，因颇疑其有异志，退师萨里河。既而汪罕亦还至土兀剌河，汪罕子亦剌合及札阿绀孛来会。曲薛吾等察知之，乘其不备，袭虏其部众于道。亦剌合奔告汪罕，汪罕命亦剌合与卜鲁忽觯共追之，且遣使来曰："乃蛮不道，掠我人民，太子有四良将，能假我以雪耻乎？"帝顿释前憾，遂遣博尔术、木华黎、博罗浑、赤老温四人，率师以往。师未至，亦剌合已追及曲薛吾，与之

---

① 按答，华言交物之友也。

战，大败，卜鲁忽觯成擒，流矢中亦剌合马胯，几为所获。须臾，四将至，击乃蛮走，尽夺所掠归汪罕。已而与皇弟哈撒儿再伐乃蛮，拒斗于忽兰盏侧山，大败之，尽杀其诸将族众，积尸以为京观，乃蛮之势遂弱。

时泰赤乌犹强，帝会汪罕于萨里河，与泰赤乌部长沆忽等大战斡难河上，败走之，斩获无算。

哈答斤部、散只兀部、朵鲁班部、塔塔儿部、弘吉剌部闻乃蛮、泰赤乌败，皆畏威不自安，会于阿雷泉，斩白马为誓，欲袭帝及汪罕。弘吉剌部长迭夷恐事不成，潜遣人告变。帝与汪罕自虎图泽逆战于杯亦烈川，又大败之。

汪罕遂分兵，自由怯绿怜河而行。札阿绀孛谋于按敦阿述、燕火脱儿等曰："我兄性行不常，既屠绝我昆弟，我辈又岂得独全乎？"按敦阿述泄其言，汪罕令执燕火脱儿等至帐下，解其缚，且谓燕火脱儿曰："吾辈由西夏而来，道路饥困，其相誓之语，遽忘之乎？"因唾其面，坐上之人皆起而唾之。汪罕又屡责札阿绀孛，至于不能堪，札阿绀孛与燕火脱儿等俱奔乃蛮。

帝驻军于彻彻儿山，起兵伐塔塔儿部。部长阿剌兀都儿等来逆战，大败之。

时弘吉剌部欲来附，哈撒儿不知其意，往掠之。于是弘吉剌归札木合部，与朵鲁班、亦乞剌思、哈答斤、火鲁剌思、塔塔儿、散只兀诸部，会于犍河，共立札木合为局儿罕，盟于秃律别儿河岸，为誓曰："凡我同盟，有泄此谋者，如岸之摧，如林之伐。"誓毕，共举足蹋岸，挥刀斫林，驱士卒来侵。塔海哈时在众中，与帝麾下抄吾儿连姻。抄吾儿偶往视之，具知其谋，即还至帝所，悉以其谋告之。帝即起兵，逆战于<u>海剌儿</u>、<u>帖尼火鲁罕</u>之地，破之。<u>札木合</u>脱走，<u>弘吉剌</u>部来降。

岁壬戌，帝发兵于<u>兀鲁回失连真河</u>，伐<u>按赤塔塔儿</u>、<u>察罕塔塔儿</u>二部。先誓师曰："苟破敌逐北，见弃遗物，慎无获，俟军事毕散之。"既而果胜，族人<u>按弹</u>、<u>火察儿</u>、<u>答力台</u>三人背约，帝怒，尽夺其所获，分之军中。

初，<u>脱脱</u>败走<u>八儿忽真隘</u>，既而复出为患，帝率兵讨走之。至是又会<u>乃蛮</u>部<u>不欲鲁罕</u>约<u>朵鲁班</u>、<u>塔塔儿</u>、<u>哈答斤</u>、<u>散只兀</u>诸部来侵。帝遣骑乘高四望，知<u>乃蛮</u>兵渐至，帝与<u>汪罕</u>移军入塞。<u>亦剌合</u>自北边来据高山结营，<u>乃蛮</u>军冲之不动，遂还。<u>亦剌合</u>寻亦入塞。将战，帝迁辎重于他所，与<u>汪罕</u>倚<u>阿兰塞</u>为壁，大战于<u>阙奕坛之野</u>，<u>乃蛮</u>使神巫祭风雪，欲因其势进攻。既而反风，逆击其阵。<u>乃蛮</u>军不能战，欲引还。雪满沟涧，帝勒兵乘之，<u>乃蛮</u>大败。是时<u>札木合</u>部起兵援<u>乃蛮</u>，见其败，即还，道经诸部之立己者，大纵掠而去。

帝欲为长子<u>术赤</u>求婚于<u>汪罕</u>女<u>抄儿伯姬</u>，<u>汪罕</u>之孙<u>秃撒合</u>亦欲尚帝女<u>火阿真伯姬</u>，俱不谐，自是颇有违言。初，帝与<u>汪罕</u>合军攻<u>乃蛮</u>，约明日战，<u>札木合</u>言于<u>汪罕</u>曰："我于君是白翎雀，他人是鸿雁耳。白翎雀寒暑常在北方，鸿雁遇寒则南飞就暖耳。"意谓帝心不可保也。<u>汪罕</u>闻之疑，遂移部众于别所。及议婚不成，<u>札木合</u>复乘隙谓<u>亦剌合</u>曰："太子虽言是<u>汪罕</u>之子，尝通信于<u>乃蛮</u>，将不利于君父子。君若能加兵，我当从旁助君也。"<u>亦剌合</u>信之。会<u>答力台</u>、<u>火察儿</u>、<u>按弹</u>等叛归<u>亦剌合</u>，亦说之曰："我等愿佐君讨<u>宣懿太后</u>诸子也。"<u>亦剌合</u>大喜，遣使言于<u>汪罕</u>。<u>汪罕</u>曰："<u>札木合</u>，巧言寡信人也，不足听。"<u>亦剌合</u>力言之，使者往返者数四。<u>汪罕</u>曰："吾身之存，实太子是赖。髭须已白，遗骸冀得安寝，汝乃喋喋不已耶？汝善自为之，毋贻吾忧可也。"札木合遂纵火焚帝牧地而去。

岁癸亥，汪罕父子谋欲害帝，乃遣使者来曰："向者所议姻事，今当相从，请来饮布浑察儿①。"帝以为然，率十骑赴之，至中道，心有所疑，命一骑往谢，帝遂还。汪罕谋既不成，即议举兵来侵。圉人乞失力闻其事，密与弟把带告帝。帝即驰军阿兰塞，悉移辎重于他所，遣折里麦为前锋，俟汪罕至，即整兵出战。先与朱力斤部遇，次与董哀部遇，又次与火力失烈门部遇，皆败之；最后与汪罕亲兵遇，又败之。亦剌合见势急，突来冲阵，射之中颊，即敛兵而退。怯里亦部人遂弃汪罕来降。

汪罕既败而归，帝亦将兵还至董哥泽驻军，遣阿里海致责于汪罕曰："君为叔父菊儿罕所逐，困迫来归，我父即攻菊儿罕，败之于河西，其土地人民尽收与君，此大有功于君一也。君为乃蛮所攻，西奔日没处。君弟札阿绀孛在金境，我亟遣人召还。比至，又为蔑里乞部人所逼，我请我兄薛彻别及及我弟大丑往杀之，此大有功于君二也。君困迫来归时，我过哈丁里，历掠诸部羊、马、资财，尽以奉君，不半月间，令君饥者饱，瘠者肥。此大有功于君三也。君不告我，往掠蔑里乞部，大获而还，未尝以毫发分我，我不以为意。及君为乃蛮所倾覆，我遣四将夺还尔民人，重立尔国家。此大有功于君四也。我征朵鲁班、塔塔儿、哈答斤、散只兀、弘吉剌五部，如海东鸷禽之于鹅雁，见无不获，获则必致于君。此大有功于君五也。是五者皆有明验，君不报我则已，今乃易恩为仇，而遽加兵于我哉。"汪罕闻之，语亦剌合曰："我向者之言何如？吾儿宜识之。"亦剌合曰："事势

---

① 布浑察儿，华言许亲酒也。

至今日，必不可已，唯有竭力战斗。我胜则并彼，彼胜则并我耳。多言何为？"

时帝诸族按弹、火察儿皆在汪罕左右，帝因遣阿里海诮责汪罕，就令告之曰："昔者吾国无主，以薛彻、太丑二人实我伯祖八剌哈之裔，欲立之。二人既已固辞，乃以汝火察儿为伯父聂坤之子，又欲立之，汝又固辞。然事不可中辍，复以汝按弹为我祖忽都剌之子，又欲立之，汝又固辞。于是汝等推戴吾为之主，初岂我之本心哉，不自意相迫至于如此也。三河，祖宗肇基之地，毋为他人所有。汝善事汪罕，汪罕性无常，遇我尚如此，况汝辈乎？我今去矣，我今去矣！"按弹等无一言。

帝既遣使于汪罕，遂进兵虏弘吉剌别部溺儿斤以行。至班朱尼河，河水方浑，帝饮之以誓众。有亦乞烈部人孛徒者，为火鲁剌部所败，因遇帝，与之同盟。哈撒儿别居哈剌浑山，妻子为汪罕所虏，挟幼子脱虎走，粮绝，探鸟卵为食，来会于河上。时汪罕形势盛强，帝微弱，胜败未可知，众颇危惧。凡与饮河水者，谓之饮浑水，言其曾同艰难也。汪罕兵至，帝与战于哈阑真沙陀之地，汪罕大败。其臣按弹、火察儿、札木合等谋弑汪罕，弗克，往奔乃蛮。答力台、把怜等部稽颡来降。

帝移军斡难河源，谋攻汪罕，复遣二使往汪罕，伪为哈撒儿之言曰："我兄太子今既不知所在，我之妻孥又在王所，纵我欲往，将安所之耶？王倘弃我前愆，念我旧好，即束手来归矣。"汪罕信之，因遣人随二使来，以皮囊盛血与之盟。及至，即以二使为向导，令军士衔枚夜趋折折运都山，出其不意，袭汪罕，败之，尽降克烈部众，汪罕与亦剌合挺身遁去。汪罕叹曰："我为吾儿所误，今日之祸，悔

145

将何及！"汪罕出走，路逢乃蛮部将，遂为其所杀。亦剌哈走西夏，日剽掠以自资。既而亦为西夏所攻走，至龟兹国，龟兹国主以兵讨杀之。

帝既灭汪罕，大猎于帖麦该川，宣布号令，振凯而归。时乃蛮部长太阳罕心忌帝能，遣使谋于白达达部主阿剌忽思曰："吾闻东方有称帝者。天无二日，民岂有二王耶？君能益吾右翼，吾将夺其弧矢也。"阿剌忽思即以是谋报帝，居无何，举部来归。

岁甲子，帝大会于帖麦该川，议伐乃蛮。群臣以方春马瘦，宜俟秋高为言。皇弟斡赤斤曰："事所当为，断之在早，何可以马瘦为辞？"别里古台亦曰："乃蛮欲夺我弧矢，是小我也，我辈义当同死。彼恃其国大而言夸，苟乘其不备而攻之，功当可成也。"帝悦，曰："以此众战，何忧不胜。"遂进兵伐乃蛮，驻兵于建忒该山，先遣虎必来、哲别二人为前锋。太阳罕至自按台，营于沆海山，与蔑里乞部长脱脱、克烈部长阿怜太石、猥剌部长忽都花别吉，暨秃鲁班、塔塔儿、哈答斤、散只兀诸部合，兵势颇盛。时我队中羸马有惊入乃蛮营中者，太阳罕见之，与众谋曰："蒙古之马瘦弱如此，今当诱其深入，然后战而擒之。"其将火力速八赤对曰："先王战伐，勇进不回，马尾人背，不使敌人见之。今为此迁延之计，得非心中有所惧乎？苟惧之，何不令后妃来统军也。"太阳罕怒，即跃马索战。帝以哈撒儿主中军。时札木合从太阳罕来，见帝军容整肃，谓左右曰："乃蛮初举兵，视蒙古军若羊羜羔儿，意谓蹄皮亦不留。今吾观其气势，殆非往时矣。"遂引所部兵遁去。是日，帝与乃蛮军大战至晡，擒杀太阳罕。诸部军一时皆溃，夜走绝险，坠崖死者不可胜计。明日，余众悉降。于是朵鲁班、塔塔儿、哈答斤、散只兀四部亦来降。

146

已而复征蔑里乞部，其长脱脱奔太阳罕之兄卜欲鲁罕，其属带儿兀孙献女迎降，俄复叛去。帝至泰寒寨，遣孛罗欢、沈白二人领右军往平之。

岁乙丑，帝征西夏，拔力吉里寨，经落思城，大掠人民及其橐驼而还。

元年丙寅，帝大会诸王群臣，建九游白旗，即皇帝位于斡难河之源，诸王群臣共上尊号曰成吉思皇帝。是岁实金泰和之六年也。

帝既即位，遂发兵复征乃蛮。时卜欲鲁罕猎于兀鲁塔山，擒之以归。太阳罕子屈出律罕与脱脱奔也儿的石河上。

帝始议伐金。初，金杀帝宗亲咸补海罕，帝欲复仇。会金降俘等具言金主璟肆行暴虐，帝乃定议致讨，然未敢轻动也。

二年丁卯秋，再征西夏，克斡罗孩城。

是岁，遣按弹、不兀剌二人使乞力吉思。既而野牒亦纳里部、阿里替也儿部，皆遣使来献名鹰。

三年戊辰春，帝至自西夏。

夏，避暑龙庭。

冬，再征脱脱及屈出律罕。时斡亦剌部等遇我前锋，不战而降，因用为向导。至也儿的石河，讨蔑里乞部，灭之。脱脱中流矢死，屈出律奔契丹。

四年己巳春，畏吾儿国来归。帝入河西，夏主李安全遣其世子率师来战，败之，获其副元帅高令公。克兀剌海城，俘其太傅西壁氏。进至克夷门，复败夏师，获其将嵬名令公。薄中兴府，引河水灌之，堤决，水外溃，遂撤围还。遣太傅讹答入中兴，招谕夏主，夏主纳女请和。

五年庚午春，金谋来伐，筑乌沙堡。帝命遮别袭杀其众，遂略地而东。

初，帝贡岁币于金，金主使卫王允济受贡于净州。帝见允济不为礼。允济归，欲请兵攻之。会金主璟殂，允济嗣位，有诏至国，传言当拜受。帝问金使曰："新君为谁？"金使曰："卫王也。"帝遽南面唾曰："我谓中原皇帝是天上人做，此等庸懦亦为之耶？何以拜为！"即乘马北去。金使还言，允济益怒，欲俟帝再入贡，就进场害之。帝知之，遂与金绝，益严兵为备。

六年辛未春，帝居怯绿连河。西域哈剌鲁部主阿昔兰罕来降，畏吾儿国主亦都护来觐。

二月，帝自将南伐，败金将定薛于野狐岭，取大水泺、丰利等县。金复筑乌沙堡。

秋七月，命遮别攻乌沙堡及乌月营，拔之。

八月，帝及金师战于宣平之会河川，败之。

九月，拔德兴府，居庸关守将遁去。遮别遂入关，抵中都。

冬十月，袭金群牧监，驱其马而还。耶律阿海降，入见帝于行在所。皇子术赤、察合台、窝阔台分徇云内、东胜、武、朔等州，下之。

是冬，驻跸金之北境。刘伯林、夹谷长哥等来降。

七年壬申春正月，耶律留哥聚众于隆安，自为都元帅，遣使来附。帝破昌、桓、抚等州。金将纥石烈九斤等率兵三十万来援，帝与战于獾儿觜，大败之。

秋，围西京。金元帅左都监奥屯襄率师来援，帝遣兵诱至密谷口，逆击之，尽殪。复攻西京，帝中流矢，遂撤围。

九月，察罕克奉圣州。

冬十二月甲申，遮别攻东京不拔，即引去，夜驰还，袭克之。

八年癸酉春，耶律留哥自立为辽王，改元元统。

秋七月，克宣德府，遂攻德兴府。皇子拖雷、驸马赤驹先登，拔之。帝进至怀来，及金行省完颜纲、元帅高琪战，败之，追至北口。金兵保居庸。诏可忒、薄刹守之，遂趋涿鹿。金西京留守忽沙虎遁去。帝出紫荆关，败金师于五回岭，拔涿、易二州。契丹讹鲁不儿等献北口，遮别遂取居庸，与可忒、薄刹会。

八月，金忽沙虎弑其主允济，迎丰王珣立之。

是秋，分兵三道：命皇子术赤、察合台、窝阔台为右军，循太行而南，取保、遂、安肃、安、定、邢、洺、磁、相、卫、辉、怀、孟，掠泽、潞、辽、沁、平阳、太原、吉、隰，拔汾、石、岚、忻、代、武等州而还；皇弟哈撒儿及斡陈那颜、拙赤鲋、薄刹为左军，遵海而东，取蓟州、平、滦、辽西诸郡而还；帝与皇子拖雷为中军，取雄、霸、莫、安、河间、沧、景、献、深、祁、蠡、冀、恩、濮、开、滑、博、济、泰安、济南、滨、棣、益都、淄、潍、登、莱、沂等郡。复命木华黎攻密州，屠之。史天倪、萧勃迭率众来降，木华黎承制并以为万户。帝至中都，三道兵还，合屯大口。

是岁，河北郡县尽拔，唯中都、通、顺、真定、清、沃、大名、东平、德、邳、海州十一城不下。

九年甲戌春三月，驻跸中都北郊。诸将请乘胜破燕，帝不从，乃遣使谕金主曰："汝山东、河北郡县悉为我有，汝所守唯燕京耳。天既弱汝，我复迫汝于险，天其谓我何。我今还军，汝不能犒师以弭我诸将之怒耶？"金主遂遣使求和，奉卫绍王女岐国公主及金帛、童男

149

女五百、马三千以献，仍遣其丞相完颜福兴送帝出居庸。

夏五月，金主迁汴，以完颜福兴及参政抹撚尽忠辅其太子守忠，留守中都。

六月，金糺军斫答等杀其主帅，率众来降。诏三摸合、石抹明安与斫答等围中都。帝避暑鱼儿泺。

秋七月，金太子守忠走汴。

冬十月，木华黎征辽东，高州卢琮、金朴等降。锦州张鲸杀其节度使，自立为临海王，遣使来降。

十年乙亥春正月，金右副元帅蒲察七斤以通州降，以七斤为元帅。

二月，木华黎攻北京，金元帅寅答虎、乌古伦以城降，以寅答虎为留守，吾也而权兵马都元帅镇之。兴中府元帅石天应来降，以天应为兴中府尹。

三月，金御史中丞李英等率师援中都，战于霸州，败之。

夏四月，克清、顺二州。诏张鲸总北京十提控兵从南征，鲸谋叛，伏诛。鲸弟致遂据锦州，僭号汉兴皇帝，改元兴龙。

五月庚申，金中都留守完颜福兴仰药死，抹撚尽忠弃城走，明安入守之。是月，避暑桓州凉泾，遣忽都忽等籍中都帑藏。

秋七月，红罗山寨主杜秀降，以秀为锦州节度使。遣乙职里往谕金主以河北、山东未下诸城来献，及去帝号为河南王，当为罢兵，不从。诏史天倪南征，授右副都元帅，赐金虎符。

八月，天倪取平州，金经略使乞住降。木华黎遣史进道等攻广宁府，降之。

是秋，取城邑凡八百六十有二。

冬十月，金宣抚蒲鲜万奴据辽东，僭称天王，国号大真，改元天泰。

十一月，耶律留哥来朝，以其子斜阇入侍。史天祥讨兴州，擒其节度使赵守玉。

十一年丙子春，还庐朐河行宫。张致陷兴中府，木华黎讨平之。

秋，撒里知兀觩三摸合拔都鲁率师由西夏趋关中，遂越潼关，获金西安军节度使尼庞古薄鲁虎，拔汝州等郡，抵汴京而还。

冬十月，薄鲜万奴降，以其子帖哥入侍。既而复叛，僭称东夏。

十二年丁丑夏，盗祁和尚据武平，史天祥讨平之，遂擒金将巢元帅以献。察罕破金监军夹谷于霸州，金求和，察罕乃还。

秋八月，以木华黎为太师，封国王，将蒙古、纠、汉诸军南征，拔遂城、蠡州。

冬，克大名府，遂东定益都、淄、登、莱、潍、密等州。

是岁，秃满部民叛，命钵鲁完、朵鲁伯讨平之。

十三年戊寅秋八月，兵出紫荆口，获金行元帅事张柔，命还其旧职。木华黎自西京入河东，克太原、平阳及忻、代、泽、潞、汾、霍等州。金将武仙攻满城，张柔击败之。

是年，伐西夏，围其王城，夏主李遵顼出走西凉。契丹六哥据高丽江东城，命哈真、札剌率师平之；高丽王瞰遂降，请岁贡方物。

十四年己卯春，张柔败武仙，降祁阳、曲阳、中山等城。

夏六月，西域杀使者，帝率师亲征，取讹答剌城，擒其酋哈只儿只兰秃。

秋，木华黎克岢、岚、吉、隰等州，进攻绛州，拔其城，屠之。

十五年庚辰春三月，帝克蒲华城。

夏五月，克寻思干城，驻跸也儿的石河。

秋，攻斡脱罗儿城，克之。木华黎徇地至真定，武仙出降。以史天倪为河北西路兵马都元帅、行府事，仙副之。东平严实籍彰德、大名、磁、洺、恩、博、滑、浚等州户三十万来归，木华黎承制授实金紫光禄大夫、行尚书省事。

冬，金邢州节度使武贵降。木华黎攻东平，不克，留严实守之，撤围趋洺州，分兵徇河北诸郡。

是岁，授董俊龙虎卫上将军、右副都元帅。

十六年辛巳春，帝攻卜哈儿、薛迷思干等城，皇子术赤攻养吉干、八儿真等城，并下之。

夏四月，驻跸铁门关，金主遣乌古孙仲端奉国书请和，称帝为兄，不允。金东平行省事忙古弃城遁，严实入守之。宋遣苟梦玉来请和。

夏六月，宋涟水忠义统辖石珪率众来降，以珪为济、兖、单三州总管。

秋，帝攻班勒纥等城，皇子术赤、察合台、窝阔台分攻玉龙杰赤等城，下之。

冬十月，皇子拖雷克马鲁察叶可、马鲁、昔剌思等城。木华黎出河西，克葭、绥德、保安、鄜、坊、丹等州，进攻延安，不下。

十一月，宋京东安抚使张琳以京东诸郡来降，以琳为沧、景、滨、棣等州行都元帅。

是岁，诏谕德顺州。

十七年壬午春，皇子拖雷克徒思、匿察兀儿等城，还经木剌夷国，大掠之，渡搠搠阑河，克也里等城。遂与帝会，合兵攻塔里寒寨，拔之。木华黎军克乾、泾、邠、原等州，攻凤翔，不下。

夏，避暑塔里寒寨。西域主札阑丁出奔，与灭里可汗合，忽都忽与战不利。帝自将击之，擒灭里可汗。札阑丁遁去，遣八剌追之，不获。

秋，金复遣乌古孙仲端来请和，见帝于回鹘国。帝谓曰："我向欲汝主授我河朔地，令汝主为河南王，彼此罢兵，汝主不从。今木华黎已尽取之，乃始来请耶？"仲端乞哀，帝曰："念汝远来，河朔既为我有，关西数城未下者，其割付我。令汝主为河南王，勿复违也。"仲端乃归。金平阳公胡天作以青龙堡降。

冬十月，金河中府来附，以石天应为兵马都元帅守之。

十八年癸未春三月，太师国王木华黎薨。

夏，避暑八鲁弯川。皇子术赤、察合台、窝阔台及八剌之兵来会，遂定西域诸城，置达鲁花赤监治之。

冬十月，金主珣殂，子守绪立。

是岁，宋复遣苟梦玉来。

十九年甲申夏，宋大名总管彭义斌侵河北，史天倪与战于恩州，败之。

是岁，帝至东印度国，角端见，班师。

二十年乙酉春正月，还行宫。

二月，武仙以真定叛，杀史天倪。董俊判官李全亦以中山叛。

三月，史天泽击仙走之，复真定。

夏六月，彭义斌以兵应仙，天泽御于赞皇，擒斩之。

二十一年丙戌春正月，帝以西夏纳仇人亦腊喝翔昆及不遣质子，自将伐之。

二月，取黑水等城。

夏，避暑于浑垂山。取甘、肃等州。

秋，取西凉府搠罗、河罗等县，遂逾沙陀，至黄河九渡，取应里等县。

九月，李全执张琳，郡王带孙进兵围全于益都。

冬十一月庚申，帝攻灵州，夏遣嵬名令公来援。丙寅，帝渡河击夏师，败之。丁丑，五星聚见于西南。驻跸盐州川。

十二月，李全降。授张柔行军千户、保州等处都元帅。

是岁，皇子窝阔台及察罕之师围金南京，遣唐庆责岁币于金。

二十二年丁亥春，帝留兵攻夏王城，自率师渡河攻积石州。

二月，破临洮府。

三月，破洮、河、西宁二州。遣斡陈那颜攻信都府，拔之。

夏四月，帝次龙德，拔德顺等州，德顺节度使爱申、进士马肩龙死焉。

五月，遣唐庆等使金。

闰月，避暑六盘山。

六月，金遣完颜合周、奥屯阿虎来请和。帝谓群臣曰："朕自去冬五星聚时，已尝许不杀掠，遽忘下诏耶。今可布告中外，令彼行人亦知朕意。"是月，夏主李睍降。帝次清水县西江。

秋七月壬午，不豫。己丑，崩于萨里川哈老徒之行宫。临崩谓左右曰："金精兵在潼关，南据连山，北限大河，难以遽破。若假道于宋，宋、金世仇，必能许我，则下兵唐、邓，直捣大梁。金急，必征兵潼关。然以数万之众，千里赴援，人马疲弊，虽至弗能战，破之必矣。"言讫而崩，寿六十六，葬起辇谷。至元三年冬十月，追谥圣武

154

皇帝。至大二年冬十一月庚辰，加谥法天启运圣武皇帝，庙号太祖。在位二十二年。

帝深沉有大略，用兵如神，故能灭国四十，遂平西夏。其奇勋伟迹甚众，惜乎当时史官不备，或多失于纪载云。

戊子年。是岁，皇子拖雷监国。

蒙兀儿史记 · 成吉思汗本纪

（清）屠寄

　　成吉思可汗，名帖木真，孛儿只斤乞颜氏。父也速该把阿秃儿，母诃额仑斡勒忽讷翁吉剌氏。宋绍兴二十五年，也速该战胜塔塔儿，擒其分部酋帖木真兀格及豁里不花，回军斡难迭里温孛勒答黑。而诃额仑生子，即命名帖木真，志武功也。帖木真生时，手握凝血如髀石。年十有三，遭父丧。当是时，忽图剌可汗已殁，其子拙赤可汗不能用其民，诸部离散。会金世宗在位，行减丁之令，每三岁出兵北向剿杀，种族益奔走疲劳，不能保其生聚。蒙兀无其主，唯宗人俺巴孩可汗之孙塔儿忽台乞邻勒秃黑等稍强，是为泰亦赤兀氏。

　　先是，忽图剌可汗时，也速该统辖尼伦全部，以故泰亦赤兀亦隶麾下。也速该既卒，帖木真少孤，族众欺其母子寡弱，咸有离心。俺巴孩可汗之二可敦，曰斡儿伯，曰莎合台，本与帖木真母诃额仑列帐同牧。蒙兀俗，凡大祭祀，无亲疏至者，均得受胙，必餍之以为礼。一日，泰亦赤兀春祭，帖木真子母后至，分膰不及。诃额仑由是发怒曰：“也速该虽死，吾子宁虑不成人？今尊长颁胙不逮，他日徙牧，行且弃我矣！”斡儿伯、莎合台亦怒曰：“似汝辈行，礼不待速，遇饭便吃，遇水便饮！"因谓其属曰："俺巴孩可汗死，诃额仑敢出此言。彼既云然，可即弃其母子，勿与偕行。"明日，塔儿忽台乞邻勒秃黑、脱朵延吉儿帖等，果率泰亦赤兀族人，并诱也速该旧属，顺斡难沐涟移营，弃帖木真母子而去。

时有族人晃豁坛歹、察剌合额不格劝阻之，脱朵延吉儿帖答以蒙兀鄙谚，谓："深水干矣，明石碎矣，留此何为？"举枪刺察剌合背，不顾而去。察剌合创甚，归卧于家，帖木真往问之。察剌合袒而示之背，且告之故。帖木真涕泣而出。诃额仑闻之，躬跨骑，手秃黑[1]，驰追叛者，邀其大半而还。然不肯竟留，未几仍叛去。

帖木真稍长，与弟合撒儿等渔猎斡难沐涟上，奉母以居。久之，泰亦赤兀惕塔儿忽台乞邻勒秃黑曰："向所弃帖木真母子，得毋鷇长羽，羔生毳乎？"以其党来消息之。帖木真母子惧，别勒古台则往密林伐木作寨，藏其弟合赤温、帖木格、斡赤斤及妹帖木仑于崖洞间。合撒儿独执弓矢出斗，泰亦赤兀惕大声遥语之曰："但取汝兄帖木真，他人勿问。"帖木真闻之益惧，策马入山。泰亦赤兀惕瞥见尾之，至帖儿古捏温都儿。帖木真窜匿密林，追者不能入，围守之。帖木真三宿林中，牵马欲出，马鞍忽堕，视之，胸腹间鞯叩如故，私念："腹鞯未脱，鞍落犹可；胸鞯坚叩，鞍何由落？岂天意阻我耶？"复还。又三宿，将出，一白石大若行帐，倒塞林口，曰："殆天意阻我。"仍还。又三宿，馐粮罄竭，则复私念曰："如是饿死无名，不如径出。"乃取所佩削箭刀，斫林口石边丛薄开径，牵马下山，为泰亦赤兀惕逻者所执。塔儿忽台乞邻勒秃黑命荷校徇军中，所至传宿一夕。

---

[1] 秃黑，一种牦牛尾或马尾制作的大旗。

会四月既望，泰亦赤兀惕等张宴斡难沐涟上，日莫而散。是时，才令一小弱童子监视帖木真。帖木真窥众已散，举所荷校角击守者头，眩仆。乘间走，卧深林间，犹虑人见，则沉身斡难溜道中仰卧，但出其面。于时失人之童子大呼："荷校者脱走矣。"已散之泰亦赤兀惕闻呼，惊聚。时月如昼，分道穷搜林麓。有速勒都孙氏锁儿罕失剌经过溜道，独见帖木真卧水中，曰："缘汝具如是见识，故泰亦赤兀兄弟辈特见忌害，慎之。即如是卧，吾不以告人。"语毕而过。时泰亦赤兀惕往复林麓，不得帖木真踪迹，相与惊怪。锁儿罕失剌言："公等白昼失人，黑夜从何踪迹？姑回原路，将向所失察处仔细推排，不得且散，明日再缉未迟。是荷校者焉往？"众如其言。锁儿罕失剌重过溜道，谓帖木真曰："吾属只此一大索，却回，明日再来矣。吾属既散，汝自寻汝母弟妹去，若遇人，勿谓吾曾见汝也。"语毕而去。

帖木真私念："向者传宿锁儿罕失剌家，其子沈白、赤老温怜我，夜脱我校，使僵卧。今锁儿罕失剌一再见我，又不肯告人。若往投彼，必蒙拯释。"即循斡难沐涟求其营幕，知其营践更，以挏马乳为口令，昏黑中寻声以往，昧爽入门。锁儿罕失剌见之大惊，曰："令汝自求汝母弟妹去，胡反来此？"其子沈白、赤老温言："雀被鹯驱，丛草犹能覆之。今彼窘来投我，而不之救，弗如丛草矣！"即摧烧帖木真所荷校，纳诸幕后，盛羊毳车中，嘱其妹合答安谨护视勿泄。如是三日，泰亦赤兀惕兄弟终不得帖木真，以为疑曰："吾属毋有藏匿帖木真者耶？"因大索军中，次第至锁儿罕失剌营，尽幕严搜。最后至毳车上，掀毳使出，已过半矣。锁儿罕失剌谬言："似此酷热，羊毛内有人焉能禁受？"搜者竟下车去。

锁儿罕失剌谓帖木真曰："缓急为君，全家几作灰烬，君可速去矣！"则赠帖木真以甘草黄色、白口不产驹之骒马一匹，无鞍。煮二乳肥羔，盛诸革囊，佐以马乳，且与弓一、矢二、却忘与燧石，而遣之行。帖木真行还旧寨，不见母弟，乃逆斡难沐涟踹踪往。有乞沐儿合豁罗罕西通斡难沐涟，于此小水濒略得踪迹，即溯流经别帖儿山觜，至豁儿出恢孛勒答合，始与母及弟妹相值。遂南逾不儿罕合勒敦，取道古连勒古山中，循桑沽儿豁罗罕至合剌只鲁坚小山下阔阔纳浯儿，驻牧其旁，捕土拨鼠、野鼠为食。顷之，因失马求盗，道逢孛斡儿出，一见意气相许，孛斡儿出遂委挚焉。

帖木真娶孛儿帖后，自桑沽儿豁罗罕徙牧客鲁涟源不儿吉之地驻营。有客列亦惕部长脱斡邻勒者，帖木真父也速该之友也。时建牙土兀剌沐涟上之黑林。孛儿帖来归时，其母搠坛与以黑貂之裘一袭，为翁姑挚礼。帖木真少孤，父事脱斡邻勒，因持裘往献之。脱斡邻勒大喜，许缓急相助。帖木真归，有兀良合台分族人札儿赤兀歹额不坚自不儿罕合勒敦山前挈其子者勒蔑来，留事帖木真。由是者勒蔑与孛斡儿出二人出入侍从，帖木真始有亲信近臣。

一日昧爽，诃额仑之仆妇豁阿黑臣额蔑坚①呼曰："额客②速起！我闻牧地隐隐有颤动声，得毋向者泰亦赤兀惕兄弟复来相扰耶？额客速起！"诃额仑惊言："为我疾唤儿辈起！"于是举家尽起。诃额仑、合撒儿、合赤温、帖木格、斡惕赤斤、别勒古台及孛斡儿出、者勒蔑人各一骑，帖木仑则与诃额仑马上拥树之。独帖木真骑从各一，至孛儿帖遂无马可骑。帖木真不及顾，与诸弟仓卒上马，奉母上不儿

① 额蔑坚，蒙古语，老妇人。
② 额客，蒙古语，母亲。

159

罕山以去。豁阿黑臣不得已，乘孛儿帖黑车中，驾以花牛，逆腾格里克豁罗罕行。日将出，道逢一骑迎面来，诃问为谁，豁阿黑臣答言："我受佣帖木真家剪羊毛者，今且归去。"骑者又问："帖木真在家否？其家去此远近？"答言："家则不远，我自开穹庐后户径出至此，帖木真在家与否不知也。"是骑既去，豁阿黑臣疾驱花牛以行，车轴忽折，方欲奉孛儿帖步入山林，顾见彼军一人拥别勒古台之母叠骑来，诃问："车中何人？"豁阿黑臣答言："车中无人，但载羊毛。"彼军不信，下马来搴车帷，见一少妇端坐其中，则曳之下车，同彼老妇驮之一马上，即踹帖木真后草地踪迹，上不儿罕山，绕山三匝，欲径入搜捕，辄为泥淖灌莽所阻。帖木真由是获免。

先是，帖木真之父也速该把阿秃儿，当忽图剌可汗末年，飞猎斡难沐涟上，遇蔑儿乞种人也客赤列都娶妇于斡勒忽讷翁吉剌氏，归途经此。也速该望见彼车中妇人有姿首，即驰归，约其仲兄揑坤太石及弟答阿里台斡惕赤斤至，谋窜取之。也客赤列都见之惧，策马反走，逾岭过一山椒，趋旁其妇车。其妇言："彼三人者，形色甚不善，必且害君。君宜速去！男子若有生命，似我此等妇人何地蔑有？君即念我，他日再娶之妇，即以我名呼之。"语竟，手脱褒衣，递与为念。也客赤列都马上才揽得衣，顾见也速该兄弟三人行且近，乃策马逆斡难沐涟驰去。也速该等逾冈七重追之，不及，即还截夺其妇。也速该牵车，揑坤太石前导，答阿里台旁辕而行。彼妇人名诃额仑，号哭而言："吾夫有生以来，发未受风吹，腹未忍饥饿。此去前路艰难若何！"哭声振动林木，斡难沐涟为之呜咽。答阿里台劝慰之曰："汝夫逾山涉水，去此已远，汝虽恸哭，彼亦不闻不顾，踪迹杳然。汝休矣！"既归，也速该以为妻，实生帖木真、合撒儿、合赤温、帖木格、斡惕赤斤四子及女帖木仑。至是，也客赤列都之兄兀都亦惕蔑儿乞部长脱黑脱阿为其弟复仇，约兀洼思蔑儿乞部长答亦儿兀孙及合阿惕蔑儿乞部长合阿台答儿马剌，是为三种蔑儿乞，率三百人来掩袭帖木真，不能得，得孛儿帖及别勒古台之母。蔑儿乞人相与言曰："昔也速该夺我诃额仑，今我亦夺其子帖木真之妻，此仇已报矣！"遂下不儿罕山，各还本部以去。

帖木真未知蔑儿乞定去，抑伏前路，使别勒古台、孛斡儿出、者勒蔑三人尾随侦察。三宿后，审知蔑儿乞去已远，始下山来。椎胸告天曰："赖豁阿黑臣额蔑坚，若黄鼬善听，若银鼠善视，我是以得避去。蚁虮之命，蒙不儿罕山遮护，此山他日永列祀典，我世世子孙勿敢替！"告毕，向日解带絓项，左手擎帽，右手椎胸，下拜，九顿首而起，酾马湩酹之。遂与合撒儿、别勒古台奔告客列亦惕部长脱斡邻勒于土兀剌沐涟，且乞师。脱斡邻勒许为右手军，命帖木真并约札答阑部长札木合为左手军。时札木合驻牧斡难沐涟豁儿豁纳黑主不儿之地，闻之即发所部万人，并发帖木真属部之附牧东方者万人，溯斡难沐涟西来。脱斡邻勒自将万人，其弟札合敢不别将万人，绝土兀剌沐涟而北。两军期会于斡难源孛脱罕孛斡儿只之地。及帖木真与脱斡邻勒、札合敢不以右手军至，札木合左手军已先至三日矣。两军既会，进至勤勒豁沐涟之濒，乘夜结筏截渡，直捣不兀剌客额儿蔑儿乞惕脱黑脱阿庭，尽虏其妻子部曲。脱黑脱阿与答亦儿兀孙挈左右数人，罄身循薛凉格河，走入巴儿忽真之隘。时蔑儿乞惕不意大军猝至，其众宵溃，缘薛凉格河与我军乱行而走。我军尾随虏掠之。帖木真就逃民中连呼其妻孛儿帖名，孛儿帖闻声辨是帖木真，则下车与豁阿黑臣老妇人走，当帖木真马前，控其缰。月明中，夫妇彼此互认，良是，别勒古台独求其母不得。帖木真既得孛儿帖，使报脱斡邻勒、札木合，即夜休军。蔑儿乞惕溃众亦缘道止宿。

初，脱黑脱阿虏孛儿帖去，以耦赤列都之弟赤勒格儿孛阔。比大军至，赤勒格儿惧，谰言："我如乌鸦，自分且可啄残骸，却奢望天鹅、鹔鹴。以我赤勒格儿老丑，强配有福之兀真。诸蔑儿乞惕共造此孽，祸且降我贱男子恶赤勒格儿黑头上，似我羊粪微命，他人院落谁肯匿我？若昏黑中窜入险隘，万一得自免。"遂挺身跳去。我军获荅儿马剌，械击之以归。时帖木真与脱斡邻勒、札木合合军，残蔑儿乞惕，坏其庐舍，略其妇女，遂自斡儿洹、薛凉格二水间塔勒浑阿剌勒之地退军。帖木真与札木合同行，东指斡难沐涟豁儿豁纳黑主不儿。脱斡邻勒自不儿罕合勒敦山阴，取道河阔儿秃主不儿合察兀剌秃速卜斥惕、忽里牙秃速卜赤惕，且行且猎，指土兀剌河黑林以归。

帖木真与札木合本有宗谊，又自幼结为安荅，至是益感其义，即弃客鲁涟沐涟旧营，与之同牧于豁儿豁纳黑主不儿。一日张饮忽勒荅合儿崖前松林下，夜阑薄醉，同被而眠，如是者年余。帖木真渐窥札木合有厌薄意，会首夏既望，举部逐水草移徙，帖木真即离札木合去，乘夜兼行。道经泰亦赤兀惕牧地，其众惊起，走依札木合所。帖木真是行仓卒，未及与部族相约。明日昧爽，视之，则有札剌亦儿分族脱忽剌温之合赤温、合剌孩、合阑勒歹兄弟三人，塔儿忽敦之合荅安荅勒都儿罕兄弟五人，蒙格秃乞颜之子翁古儿暨其属敞失兀惕、巴牙兀的人，巴鲁剌思之忽必来、忽都思，忙忽惕之哲台、多豁勒忽扯儿必兄弟二人，皆追从而来。若孛斡儿出之弟斡歌连扯儿必，则自阿鲁剌荅种处分离而来，与孛斡儿出相合。者勒蔑之弟察兀儿孩、速别额台把阿秃儿亦自兀良合种处分离而来，与者勒蔑相合。又有别速惕之迭该、古出古儿兄弟二人，速勒都思之赤勒古台、塔孩、泰亦赤兀歹兄弟，札剌亦儿薛扯朵抹黑之二子阿儿孩合撒儿、巴剌，晃豁坛之速亦客秃扯儿必，速客虔种者该晃答豁儿之子速客该者温，捏兀歹之察合安兀洼，斡勒忽讷兀惕之轻吉牙歹，豁罗剌思之薛赤兀儿，朵儿边之抹赤别都温等，亦先后至。若亦乞列思之不秃，本为赘婿，以是相从；若那牙勤之冢率，斡罗纳剌之只儿豁安，巴鲁剌思之速忽薛禅率其子合剌察儿，巴阿邻之豁儿赤兀孙额不坚、阔可搠思与同族蔑年巴阿邻种合为一营而来。是时，豁儿赤谬托神言，谓天命帖木真当得国，众情忻动。既而又有格泥格思种忽难为长，率其族一营，帖木真之季父答阿里台斡惕赤斤、札答阑之木勒合勒忽，各率一营。又有温真、撒合亦惕二种合为一营，皆离札木合所，随帖木真至乞沐儿合豁罗罕之阿亦勒合剌合纳驻营。居顷之，又有主儿乞种莎儿合秃主儿乞之子薛扯别乞、台出二人之一营，捏坤太石之子忽察儿别乞之一营，忽图剌可汗之少子阿勒坛斡惕赤斤之一营，亦先后离札木合，追从帖木真于乞沐儿合豁罗罕阿亦勒合剌合纳同驻焉。

帖木真既合诸部族，自此移营，经古连勒古山中，至桑沽儿豁罗罕濒合剌只鲁坚小山下阔阔纳兀儿上驻牧。

蒙兀儿自忽图剌以后，可汗之号中旷，莫敢居，诸部离析，各自为长，国势不振者数十年。至是，思择其主，以听约束。于是阿勒坛、忽察儿、薛扯别乞等会议，共推帖木真为汗。帖木真次第让答阿里台斡惕赤斤及阿勒坛、忽察儿、薛扯别乞四人者，皆不敢当，遂相与誓于帖木真之前曰："今者众议佥同，奉汝帖木真为汗。汝为吾属汗，若遇大敌，吾属先锋入彼帐殿。俘得美色之妃主，必致于汝；他国民间之美妇女，驮以健足之骟马，亦必致于汝。若大畋猎，吾属先驱合围，任汝择射；即逐得走旷、破腹、坠崖、折足之兽，亦并致于汝。若临阵违汝令，平时扰汝法，则一任判离妻子家财，并弃我黑头所有之地而去，勿敢疾怨。"誓毕同盟。帖木真不得已，乃受可汗之号。是岁己酉，宋淳熙十有六年也。

　　汗既即位，命孛斡儿出之弟斡歌连扯儿必，合赤温脱忽剌温、哲台、多豁勒忽扯儿必四人为豁儿臣①；翁古儿、薛赤兀儿、合答安答勒都儿罕三人为巴兀儿臣②；迭该为豁你臣③，其弟古出古儿为抹赤④；朵歹扯儿必总管家内婢仆；忽必来、赤勒古台、合剌孩脱忽剌温三人同汗弟合撒儿为兀勒都赤⑤；异母弟别勒古台与合剌勒歹脱忽剌温二人为阿黑塔臣⑥；泰亦赤兀、忽图抹里赤、木勒合勒忽三人为阿都兀臣⑦；命阿儿孩合撒儿、塔孩、速客该、察兀儿孩四人为豁剌豁斡察⑧、豁赤剌斡多剌；速别额台把阿秃儿为前锋护卫；以孛斡儿出、者勒蔑侍从最先，命为众官之长。是时官制草创而已。汗若曰："赖天地之佑，汝等去札木合安答而从我，凡此旧人，均是我吉庆那

---

① 豁儿臣，又作火儿赤。蒙元官名。意谓佩弓矢环卫者、箭筒士，佩弓箭轮番戍卫宫廷。怯薛执事之一。

② 巴兀儿臣，又作保兀儿臣。蒙元官名。意谓厨子、亲烹饪以奉上饮者。怯薛执事之一。

③ 豁你臣，又作火你赤。蒙元官名。意谓牧羊的，即牧羊者及管理牧羊事务之官。怯薛执事之一。

④ 抹赤。蒙元官名。意谓木匠。

⑤ 兀勒都赤，又作温都赤。蒙元官名。意谓带刀者，负骨朵、佩环刀侍卫汗、帝。怯薛执事之一。

⑥ 阿黑塔臣。蒙元官名。意谓执骟马之官或笼马人。

⑦ 阿都兀臣。蒙元官名。意谓牧马之官。

⑧ 豁剌豁斡察，意谓远箭。豁赤剌斡多剌，意谓近箭。蒙元官名。掌征讨、巡警事之官。

阔儿[1]。"遂命各供厥职。

汗使塔孩、速客该二人告即位于客列亦部长脱斡邻勒，亦使阿儿孩合撒儿、察兀儿孩告札答阑部长札木合。时脱斡邻勒方睦于我，闻之喜，札木合独不悦。其后，札木合之弟给察儿驻牧札剌麻山前斡列该不剌合，汗麾下札剌亦儿人拙赤答儿马剌驻牧撒阿里客额儿。给察儿盗拙赤答儿马剌之马群以去，左右莫敢追，拙赤答儿马剌独往踪迹，夜至马群旁，伏身所骑马鬣上，射给察儿，断其脊以死，驱马而归。札木合以为怨，遂发札答阑种人，并纠泰亦赤兀、亦乞列思、兀鲁兀、那牙勤、巴鲁剌思、豁罗剌思、巴阿邻、翁吉剌、合塔斤、撒勒只兀、朵儿边、塔塔儿，总十有三部，凡三万人，逾阿剌兀兀惕、土儿合兀惕二山，潜师来袭。

时汗驻牧古连勒古，有捏群者，亦乞列思人也，在泰亦赤兀部下，其子不秃为汗妹帖木仑赘婿，故捏群亦归心焉。会不秃自妇家遣其亲信木勒客脱塔黑、孛罗勒歹二人先以事来谒其父，及是西归，捏群即因二人上变。汗闻警，仓卒简阅所部，亦得三万人，分置千百户牌长为十有三翼。诃额仑额客以其外族斡勒忽讷人为第一翼；汗与诸昆弟及其从人并各族之子弟为第二翼；葛赤浑之后人不勒帖出把阿秃儿、木忽儿忽阑将阿答儿斤人及秃别干客列亦惕人，薛赤兀儿将豁罗剌思人为第三翼；速亦客秃那颜之子迭良将晃豁坛人，其族弟火力台将不答安惕人为第四翼；阿儿孩合撒儿将札剌亦儿人为第五翼；莎儿合秃主儿乞之子薛扯别乞及其弟台出将主儿乞乞颜惕人为第六翼；忽秃黑秃蒙列儿之子不里孛阔、忽阑把阿秃儿之子也客扯连将其属，并其从父脱朵延斡惕赤斤所属乞颜惕人为第七翼；蒙格秃乞颜之子翁古

① 吉庆那阔儿，又作伴当，意谓亲信、侍从。

儿及其弟将敞失兀惕巴牙兀歹人为第八翼；答阿里台幹惕赤斤及捏坤太石之子忽察儿将族人四种，曰朵豁剌歹，曰捏古思豁里罕，曰撒合亦惕，曰温真，为第九翼；忽图剌可汗之长子拙赤汗为第十翼；少子阿勒坛幹惕赤斤为第十一翼；塔孩把阿秃儿将速勒都思人，者该晃答豁儿之子速客该把阿秃儿将速客虔人为第十二翼；坚都赤那、玉烈克勒赤那之后人察合安兀洼等将捏兀歹人为第十三翼。汗既总十有三翼之众，东迎札木合军，大战于答阑巴泐渚纳，我师败绩，却出塞。札木合乘胜逐北，我师退据幹难沐涟哲别捏之隘拒之。札木合乃回军，道经塞下赤那思牧地，执杀其部族长之附汗者，分七十镬烹之，且斫捏兀歹酋察合安兀洼头，曳诸马尾而去。于是众部族益恶札木合残暴，归心于汗。

兀鲁兀惕人主儿扯歹、忙忽惕人忽亦勒答儿各率其族，与晃豁坛人蒙力克客额赤格及其七子先后来归。汗见三族至，大喜，奉诃额仑额客率合撒儿、幹惕赤斤诸弟并族人薛扯别乞、台出等各以旆车载酪湩，大会幹难沐涟林间。汗及诃额仑、合撒儿、薛扯别乞暨其母豁儿真可敦前，共置青湩一革囊。薛扯别乞之庶母额别该前独置青湩一革囊。豁里真、忽兀儿臣二可敦怒曰："舍我而尊额别该，嫚我也。"疑汗掌膳薛赤兀儿所为，掌其颊。薛赤兀儿不服，曰："自捏坤太石、也速该把阿秃儿死，吾属受人挞辱至此。"则大哭。汗母子不怒亦不言。时别勒古台掌汗乞列思事，不里孛阔掌薛扯别乞乞列思事。不里之从者合塔斤人盗我马缰，为别勒古台所执。不里袒从者，斫别勒古台破肩流血。汗于树影下望见，呼前问状。别勒古台曰："伤未甚，毋以我故失兄弟欢。"汗怒主儿乞无礼，命左右各折树枝，并出捅马橦与主儿乞格斗，胜之，夺其二可敦，薛扯别乞归而绝好。寻遣使来议和，返其二可敦。然主儿乞氏终以为怨。会主因种塔塔儿部长蔑古真薛兀勒图背金约，岁丙辰，金主璟命右丞相完颜襄北伐，败诸客鲁涟沐涟，其溃众西趋浯泐札。汗闻之，使告客列亦部长脱斡邻勒曰："塔塔儿吾仇也。昔卖我族曾王父俺巴孩汗及我从祖王父巴儿合黑，又置毒害我先君。于义不与其共戴天。今蔑古真薛兀勒图为金所败，其众西溃，逆浯泐札来，是天与我复仇之日。父幸助我夹攻之。"同时以此意谕薛扯、台出，征其兵。三日后，脱斡邻勒以师来会。主儿乞之师期之六日不至，汗遂与脱斡邻勒会金别将完颜安国夹攻塔塔儿。时塔塔儿退至浯泐札水忽速秃失秃延、纳剌秃失秃额之地，筑寨以守。汗与脱斡邻勒攻破之，杀蔑古真薛兀勒图，获其大珠衾、银绷车各一。完颜襄论功行赏，便宜授汗札兀惕忽里，同时册客列亦部长脱斡邻勒为王，是为王罕。金师乃去。

先是，王罕有弟额儿客合剌不见容，亡入乃蛮。乃蛮酋亦难察罕闻王罕东讨塔塔儿，乘间以兵送额儿客合剌归国。及王罕率凯旋之师西还，与战不胜，被逐奔西辽。

汗之出师也，有老弱一营未发，留守合里勒秃纳兀儿，为主儿乞褫五十人衣，杀十人。汗闻之大怒，曰："主儿乞曩挞我薛赤兀儿，又斫我别勒古台，我犹舍衅议和。昨念祖宗之仇，与彼同谋报复。彼既不来，今又反倚敌而凌我，是亦吾敌也。"于是疾引军径指客鲁涟之阔迭兀阿剌勒朵罗安孛勒答黑，至主儿乞牧地，大掠之。薛扯别乞、台出仅以妻孥数人脱走。

岁丁巳冬，汗追主儿乞，驻军帖列速。闻王罕之弟札合敢不亡匿察罕汪古惕之地，使人往招之。时主儿乞人散居帖列秃阿马撒剌，阻之不得前。汗遣将往援，与札合敢不击主儿乞，败之，杀薛扯、台出。札合敢不来归，客列亦惕及其分族土绵秃别干、斡栾董合亦惕溃众亦相率至。薛扯别乞遗族度漠去，其后诣金抚州降。

岁戊午秋，王罕去西辽来归，行至古泄兀儿纳兀儿，饥困，使人与汗相闻。汗即遣塔孩、速客该二勇士往援，且躬赴客鲁涟源迎劳以归。命己部人供给衣粮，而以客列亦惕诸部前所来降者还事之。已而大会土兀剌沐涟合剌温合卜察勒，重申父子之盟。

是秋，汗伐兀都亦惕蔑儿乞，取道合剌思不剌思之地以往，与脱黑脱阿战于木鲁彻薛兀勒，大俘获以馈王罕。由是王罕势渐振。居无何，王罕不谋于汗，自率所部袭蔑儿乞于不兀剌客额儿，杀脱黑脱阿之长子脱古思别乞，略其二女忽秃黑台、察阿伦，并其妃，仍招其次子忽秃。赤剌温以部众降。脱黑脱阿遁入巴儿忽真脱古木。王罕大获而归，不以军得馈汗，汗亦不屑意也。

岁己未，汗与王罕伐乃蛮。时亦难察已卒，其子塔阳罕、不亦鲁黑罕兄弟交恶，分部治事。我军先袭其北部，不亦鲁黑仓卒无备，不能拒战，循金山西走。我军自忽木升吉儿之地，顺兀泷古水追之，擒其逻骑也迪土卜鲁。进至乞湿泐巴失之野，遇不亦鲁黑，与战败之，不亦鲁黑奔欠欠州。冬班师。乃蛮南部骁将可克薛兀撒卜剌黑军于巴亦答剌黑别勒赤儿，要我归路。王罕及汗先后至，会日已莫，相持驻营，期明日战。是夜，王罕虚燃火营中，潜引军逆合剌泄兀泐水以去。札木合在汗幕下，黎明望见王罕立旆纛非旧处，追从之。汗见王罕军空辟走，曰："彼如野灶弃我矣。"亦不战而去。度额垤儿阿勒台别勒赤里，至撒阿里客额儿驻军，审知乃蛮军情，不足过虑。是时，王罕已归土兀剌。其子你勒合桑昆与札合敢不殿辎重徐行，最后亦至额垤儿阿勒台谷口。地险多林泉，撒卜剌黑尾随及之，夺其眷属辎重。你勒合、札合敢不不仅以身免，奔告王罕。时王罕人畜之在帖列格秃阿马撒剌者亦大半被掠。脱黑脱阿之子忽秃赤剌温前降王罕者，乘乱率其属叛去，循薜凉格河入巴儿忽真，走归其父。王罕命你勒合将己中军与别将亦秃儿坚、盏塔兀返追乃蛮，且使来乞师，曰："乃蛮不道，略我部民，太子能假我良将雪耻乎？"汗顿释前憾，即遣孛斡儿出、木合黎等往援。未至，你勒合先已追及撒卜剌黑，与战于忽剌安忽惕之地，败绩。盏塔兀成擒，流矢中你勒合马胯，颠踬，几为所获。须臾，孛斡儿出等至，击乃蛮走，尽夺所掠归王罕。王罕深德汗，使来谢曰："曩归自合剌契丹，衣食不给，赖吾子帖木真拯之，饱我之馁，衣我之裸。今又丞我之难若此，吾不知所报。"遂与汗寻盟于土兀剌沐涟勺儿合勒昆山忽剌阿讷兀。

是冬，蔑儿乞脱黑脱阿复出巴儿忽真之隘，至统烈泽谋合泰亦赤兀惕来犯。汗闻，与合撒儿议讨之。

岁庚申春，汗会王罕于撒阿里客额儿，同征泰亦赤兀，取道不儿罕合勒敦山以往。时泰亦赤兀酋豁敦斡儿长、阿兀出把阿秃儿、忽邻儿把阿秃儿、忽都兀塔儿、塔儿忽台乞邻勒秃黑等，已纠合蔑儿乞酋脱黑脱阿，会于斡难沐涟沙漠中。汗与王罕兵至，败之，追及于汪古惕秃剌思之地，擒忽都兀答儿杀之。阿兀出、豁敦斡儿长走入巴儿忽真之隘，忽邻儿奔乃蛮。

先是，合塔斤、撒勒只兀惕二族恃强中立，无所羁属，往来塔塔儿、翁吉剌之间，频岁盗金边，又尝从札木合及泰亦赤兀惕等部来伐。及闻泰亦赤兀败，不自安。于是合塔斤酋巴忽搠罗吉，撒勒只兀惕酋赤儿吉歹把阿秃儿，纠朵儿边酋合只温别乞，塔塔儿酋阿勒赤、札邻不合，亦乞列思酋土格马合，翁吉剌惕酋迭儿格克额蔑勒、阿勒灰等，豁罗剌思酉绰纳黑察合安，乃蛮酉古出古敦不亦鲁黑罕，蔑儿乞酉脱黑脱阿别乞之子忽秃，斡亦剌惕酉忽都合别乞，泰亦赤兀酉塔儿忽台乞邻勒秃黑、豁敦斡儿长、阿兀出把阿秃儿十一部，会于浯泐灰不剌合，杀牛一、羊一、马一，誓师来袭。汗妇翁翁吉剌惕德薛禅来告变。汗与王罕自虎图泽起兵，至不余儿纳浯儿，德薛禅率本部兵来会，与诸部累战，卒大胜之。

冬，王罕分兵溯客鲁涟沐涟西去，驻军忽巴合牙。汗军东驻扯克扯儿山。时塔塔儿酉阿剌兀都儿、合塔安太石、察忽斤、帖木儿合四种人为一盟，推阿剌兀都儿为盟长，来拒。汗还军西北，与战于答阑捏木儿格思，大败之。是役也，合撒儿别将一军在他所，闻其麾下者卜客言翁吉剌惕叛去，不告于汗，率所部往掠之。汗闻，切责合撒儿。然翁吉剌惕以无端被兵为怨，竟叛附札木合。

岁辛酉，翁吉剌惕与亦乞列思、豁罗剌思、朵儿边、塔塔儿、合塔斤、撒勒只兀惕等部，顺额洏古涅河以往，会于刊沐涟洲，推立札木合为古儿罕，同谋来袭。盟于秃律别儿水而誓之曰："凡我同盟，孰泄此谋，如颓土，如断木。"誓毕，相与举足蹴岸，挥刀斫林，潜驰而来。汗麾下沼兀列歹人抄兀儿微闻其谋，与豁罗剌思人豁里歹驰至汗所居古连勒古之地告变。汗闻警，即自古连勒古举兵，沿客鲁涟沐涟以东，迎战于海剌儿帖尼豁罗罕之野。札木合遁，翁吉剌惕来降。

岁壬戌秋，复征察阿安、阿勒赤、都答兀惕、阿鲁孩四种塔塔儿，陈师答阑捏木儿格思，令于军曰："苟破敌逐北，见弃物勿顾，须战事毕，共分之。若我军被敌所却，退至布阵初地，必翻回力战，否则斩。"遂战胜塔塔儿，追至浯泐灰湿鲁格勒只惕之地，尽虏其奥鲁思[①]。是役也，阿勒坛、忽察儿、答阿里台违令掠物，汗命者别、忽必来夺其所掠，以分于众，由是三人怀怨思叛。

是秋，乃蛮北部酋不亦鲁黑罕、蔑儿乞酋脱黑脱阿别乞之子忽秃、泰亦赤兀酋阿兀出把阿秃儿、斡亦剌惕酋忽都合别乞暨朵儿边、塔塔儿、合塔斤、撒勒只兀惕诸部连师来伐。汗与王罕合军，顺客鲁涟沐涟以东迎敌。汗遣阿勒坛、忽察儿、答阿里台三人为前锋，王罕使其子你勒合桑昆、其弟札合敢不及必勒格别乞三人为前锋，其前锋军又各出侦骑，分往额捏坚归列秃、扯克扯儿、赤忽儿古、革山哨敌。阿勒坛等至兀惕乞牙，前所遣赤忽儿古侦骑还报：“敌且至矣！”阿勒坛等迎前捉生，遇敌前锋阿兀出把阿秃儿及乃蛮不亦鲁黑罕、蔑儿乞惕脱黑脱阿之子忽秃、斡亦剌惕忽都合别乞四骑，马上交绥而语。会日莫，各还大营。明日，汗与王罕离浯泐灰湿鲁格泐只惕，向兀惕乞牙，行近合剌温只惕。你勒合桑昆一军自北来后至，据高岭方结营，不亦鲁黑罕见而易之，曰：“彼军散漫，可聚而歼也。”遣阿兀出、忽都合来争。二将遥望你勒合军势不可犯，则引退。你勒合遂逾隘至兀惕乞牙。将战，我军移辎重他所。汗与王罕倚阿兰塞为壁。彼军中不亦鲁黑罕、忽都合能以术致风雨，欲顺风雨击我。然风返，吹雨变雪，逢迎彼军，天地昼晦，敌目眯不得进。汗将兀良孩人忽鲁浑乘风纵矢射之，彼军即自引退。行至阔亦田之野，士马僵冻，纷坠山涧，不复成列。札木合率师来应，中道见事败，叹曰：“天不佑我！”即退，行掠诸部之立己为汗者，顺额沛古涅河以归。乃蛮种不亦鲁黑罕指阿勒台山兀鲁黑塔黑，蔑儿乞种脱黑脱阿之子忽秃指薛凉格河，斡亦剌惕忽都合别乞指林木中失思吉思，泰亦

---

① 奥鲁思，蒙古语，意谓部内所有财产。

赤兀种阿兀出把阿秃儿指斡难沐涟，各还本部。于是王罕追札木合出塞，汗自追阿兀出把阿秃儿出塞。时阿兀出度汗来追，急起部族逾斡难沐涟，植盾整列以待。汗至，与战累日，胜负未决。最后一日，流矢中颈，创甚。会日莫，两军相持，列幕而宿。泰亦赤兀惕宵溃，唯老弱不能逃者止营中。次晨，汗知之，裹创上马，追蹑溃众以还，遂杀阿兀出把阿秃儿、豁敦斡儿长、忽都兀答儿等子孙殆尽，俘其民。泰亦赤兀之骁将别速惕人者别，与速勒都思人锁儿罕失剌父子，均泰亦赤兀惕脱朵延之家臣相率来降。塔儿忽台乞邻勒秃黑因与汗有仇，逃匿林中，为其家臣，你出古惕巴阿邻种失儿古额秃额不坚执以来献。行至忽秃忽勒讷兀之地，失儿古额秃之子纳牙阿谓奴不当执主，释之去，后不知所终。泰亦赤兀由是遂亡。

是冬，王罕受札木合降，休兵刊沐涟洲。汗既灭泰亦赤兀惕，亦引军来，同驻洲上，张幕阿儿却翁吉剌之地。汗为长子拙赤求婚王罕之女察兀儿别乞，并请以己女豁真别乞字你勒合之子秃撒合，用示重视亲厚之意。而你勒合有违言，由是交疏。汗寻移军入塞，驻冬阿不只阿阔迭格儿。王罕亦西还者者额儿温都儿之折儿合不赤孩，其子你勒合分驻山阴之别儿客额列惕。札木合窥知汗与王罕交疏，欲投间离之。

岁癸亥春，札木合与阿勒坛等诡词往说你勒合桑昆，谋不利于汗，阴遣人纵火焚我牧地之草。你勒合使人来绐汗，曰：“向所议姻事，今当相从，请来饮不兀勒札儿[1]。”汗信之，从十骑往，中道宿蒙力克额赤格营幕。蒙力克曰：“吾向者求彼女，彼妄自尊大，俯瞰，不我许。今忽请饮不兀勒札儿，何故？帖木真儿子勿堕其术，不如以方春马瘦为辞。”汗悟，使从骑不合台、乞剌台二人往谢，自

---

[1] 不兀勒札儿，蒙古语，意谓许亲酒。

率八骑东归。王罕父子见不合台等来，而汗不至，知谋泄，为先发制人计，刻期次日举兵。阿勒坛从弟也客扯连之牧人巴歹、乞失里黑闻其谋，窃骑夜驰来告变。时汗驻牧卯危温都儿山阳，闻之大惊，仓卒不及备战，即夜警告左右亲信，尽弃辎重，避之山阴。行时，使者勒蔑断后哨敌。明日佚午，憩于合剌合勒只惕额列惕。有阿勒赤歹之牧人泰赤吉歹、牙的儿牧马卯危温都儿山前，望见忽剌安不鲁合惕尘起，驰报敌至。时我军士马不足三千，王罕军数倍。汗命兀鲁兀惕、忙忽惕二族前列置阵。王罕前锋将合答吉把阿秃儿以只儿斤冲来，我军堵进却之。忙忽将忽亦勒答儿薛禅身先士卒，猛追入敌。会敌将阿赤黑失仑以土绵秃别干种人来援，刺忽亦勒答儿堕马。忙忽一军小却，见主将伤，回救之。主儿扯歹以兀鲁兀一军转战而前，连败土绵秃别干，斡栾董合亦惕。王罕大将豁里失列门太石以护卫千人来御，又败之。我军直逼王罕中军天门，并突其左右角。你勒合见势急，不待父命，直前搏斗。主儿扯歹射之，中颊，你勒合堕马，客列亦惕军还救以去。会日莫，各敛兵而退。是役也，我军虽以少却众，然王罕军势仍盛。汗见谓不敌，不敢穷追，即夜引军离战地下营。王罕亦西向退军。明日，汗简阅伤亡，知斡歌歹流矢中项，乃溯浯泐灰湿鲁格泐只惕，入于答阑捏木儿格思之地。既而稍稍收集散卒，得二千六百骑。汗自将三百骑，主儿扯歹、忽亦勒答儿将千三百骑，夹合泐合河顺下，糗粮不足，缘道猎食。忽亦勒答儿金创未复，力疾驱兽，止之不可，创发而死，埋其骨于合泐合水上斡而讷兀之客勒帖该合答。行近不余儿纳兀儿，使主儿扯歹以世婚之情说降迭儿格克额蔑勒等翁吉剌。自此徙牧统格黎克豁罗罕之东。遣阿儿孩合撒儿、速客该者温往王罕所，诘责用兵之意，语在《王罕传》。速客该者温因家属先在王罕所，止不归，独阿儿孩合撒儿返命。

汗寻去统格黎克豁罗罕，徙牧巴泐渚纳水上，遇豁罗剌思种人捌幹思察罕等，不战而降。有撒儿塔黑台阿剌浅自汪古惕阿剌忽失的吉惕忽里所来，跨一白驼，驱羯羊千嗷，欲循额泐古涅河贸孛脱罕貂鼺，饮羊水濒，亦与汗遇。时巴泐渚纳水方浑，汗慷慨勺以誓众，是谓巴泐渚纳之盟。同盟者十有九人，延赏及于后世焉。居无何，汗弟合撒儿自王罕所弃妻子来归。

王罕自合剌合勒只惕额列惕战后，退军只惕豁罗罕惕额列惕时，汗族人答阿里台幹赤斤、阿勒坛、忽察儿、札木合、忽勒巴里、速客该者温、脱幹邻勒、塔孩忽剌海暨幹亦剌部酋忽都合别乞等从，相与谋害王罕，曰："是不可依也。"将叛去。事觉，王罕迎讨之。于是答阿里台幹赤斤、忽勒巴里与撒合亦惕、温真部人来归。阿勒坛、忽察儿、忽都合别乞、札木合奔乃蛮塔阳罕。王罕父子遂还军者者额儿温都儿折儿合不赤孩。

秋，汗自巴泐渚纳举兵，溯客鲁涟西袭王罕。先与弟合撒儿谋，遣其麾下亲信沼兀列歹人合里兀答儿、兀良合歹人察兀儿孩，谬为合撒儿之言，往绐王罕，曰："吾兄离我，不知何往。缘道求之，不得其踪迹。登高而呼，彼亦不闻我声。我妻子在父王罕所，我何归哉？我今帐木叶、枕土石而卧，仰视星辰，终夕不寐，思还事父王罕。父王罕倘念我前劳，许我自效，遣亲信一人来与我盟，则我束手归命矣。"二使濒行，汗申诫之曰："汝往，吾潜师踵汝后。汝既得要领，归途指客鲁涟沐涟南阿儿合勒苟吉以行，吾期汝于是。"二使既行，即命主儿扯歹、阿儿孩合撒儿前锋往驻阿儿合勒苟吉之地。

合里兀答儿、察兀儿孩至王罕所，致合撒儿之言。时王罕方卓金帐、酹马渲高会，闻二使言，信之，即遣近侍<u>亦秃儿坚</u>盛血牛角，随二使往，与之盟。将及期会之地，<u>亦秃儿坚</u>遥望前途多伏兵影迹，遽返辔走。<u>合里兀答儿</u>疾驰突出其前，不敢径执，勒骑横挡去路。<u>察兀儿孩</u>马疲，尾随后及，射之，中其马臀，马惊坐，则执以至。汗不与语，送之<u>合撒儿</u>所。于是命<u>主儿扯歹</u>、<u>阿儿孩合撒儿</u>举前锋兵，昼夜兼行，<u>直捣者者额儿温都儿</u>之隘，出不意攻围<u>王罕</u>，尽俘其民。<u>王罕</u>骁将<u>只儿斤</u>、<u>合答吉把阿秃儿</u>拒战三日，力竭始降。

<u>王罕</u>父子以数骑逸出，中道叹曰："不应与离之人，人亦不我离，而我自离之。今遘此厄，皆我一人之罪也。"行至<u>乃蛮</u>界上的的<u>克撒合勒涅坤兀孙</u>，<u>王罕</u>渴，将下马趋饮，为其戍将<u>豁里速别赤</u>所执杀，函其首于<u>塔阳</u>。<u>你勒合</u>独脱走<u>西夏</u>，过<u>彻勒城</u>，入<u>波黎吐蕃</u>摽掠乞活，且欲居之，被逐，散走<u>西域兀丹</u>、<u>乞思合儿</u>，至<u>曲先居彻儿哥思蛮</u>之地，为<u>哈剌赤</u>部主<u>黑邻赤哈剌</u>讨杀之，<u>客列亦惕</u>亡。

是冬，汗班师东归，卓帐<u>阿不只阿阔迭格儿</u>。

<u>蒙兀</u>既并<u>客列亦惕</u>，拓地西至<u>乃蛮</u>。<u>乃蛮</u>部长<u>塔阳罕</u>忌见逼，使其臣<u>月忽难</u>谋于<u>汪古</u>部长<u>阿剌忽失的吉惕忽里</u>，曰："近闻东方将有称帝者，天无二日，地上岂容有二主？请公为我右手，我将夺其弧矢也。"

岁甲子春，汗大蒐①于<u>帖蔑延客额儿</u>。<u>阿剌忽失</u>遣其臣<u>脱儿必塔失</u>以<u>乃蛮</u>之谋来告。汗闻，即就猎所会部族议。众谓："方春马瘦，不如待秋高马肥进兵。"汗弟<u>斡赤斤</u>、<u>别勒古台</u>则谓："宜出敌不意，先发制之，勿坐待其来。"汗韪其言，罢猎归，即自<u>阿不只阿阔迭格儿</u>移营<u>合泐合水斡儿讷兀</u>之<u>客勒帖该合答</u>驻焉。遂定议伐<u>乃蛮</u>，

① 蒐（sōu），打猎。

大阅士马，立千户、百户、牌头①。命朵歹、多豁勒忽、斡歌连、脱栾、不只儿、速亦客秃六人为扯儿必官，即于千百户暨白身人内选其子弟材武者，以八十人为宿卫，七十人为散班；命斡歌连扯儿必、忽都思合勒潺二人为散班长；又命阿儿孩合撒儿选把阿秃儿千人，临阵居前列，平时作散班护卫。遂宣布札撒克②于军中。

夏四月既望，祭旄纛。诘朝举兵，溯客鲁涟沐涟西行。以者别、忽必来为前锋。秋，至乃蛮界外撒阿里客额儿，行近斡儿洹，遇乃蛮逻骑自康合儿合来，互相角逐。我军一卒跨羸骑者，鞍翻坠于腹，惊突而入乃蛮营被执。乃蛮人见者皆曰："不意蒙兀马瘦如此。"既而汗以中军至。朵歹扯儿必献计曰："我军人少、远来，宜休养士马于此。多设疑兵，布满撒阿里之野。夜令军中人燃五炬，彼军虽多，其主懦弱，未经行阵，必且惊疑不前。迟留之间，我马已饱，然后却彼前敌，直捣中军，击其不整，破之必矣。"从之。乃蛮逻者登山望见，果惊，言："本谓蒙兀儿兵少，今若此，则送前所获羸骑于塔阳，报言蒙兀士马已充塞撒阿里之野，意者日增兵，但见入夜列炬如繁星。"是时塔阳已逾阿勒台，置营康孩山合池儿水上。蔑儿乞酋脱黑脱阿、客列亦酋札合敢不、阿邻太石、斡亦刺酋忽都合别乞、札答阑酋札木合、暨合塔斤、撒勒只兀惕、朵儿边、泰亦赤兀惕、翁吉刺惕诸部咸从。塔阳闻逻者言，以告其子古出鲁克，议引军退过金山，诱我尾追深入，马力疲乏，然后还击。古出鲁克与豁里速别赤以为怯，诮之。塔阳怒，疾驱军循塔米儿，渡斡儿洹水，至纳忽山东崖察乞儿马兀惕之地，傅山而陈。

---

① 牌头，即十户长。

② 札撒克，蒙古语，大法令。

汗命合撒儿将中军，斡赤斤掌从马，身临前敌督战。札木合望见汗军严整，谓其左右曰："乃蛮初举兵，视蒙兀若宰羖攊羔儿，意谓自足至项，不使留蹄皮。今观吾安答置阵若此，乃蛮非其敌也。"潜引所部去之，且使漏乃蛮军情于我。是日大战至晡，乃蛮败，退上纳忽山。我军环山围宿。塔阳被创不能军，卧山中。其将豁里速别赤独率所部下山苦战，死之，余众无斗志，惊溃，夜走绝险，坠崖堕涧死者无算。明日，塔阳就擒。古出鲁克别将一军在他所，得脱走，欲阻塔米儿河旅拒，置营未定，见追军至，又去之。我军尾随不舍，袭至阿勒台前兀泷古河白骨甸，古出鲁克穷促，尽弃其众，挺身逾阿勒台，北奔其叔不亦鲁黑罕。乃蛮南部亡。

于是札木合族人札答阑种，及其同盟合塔斤、撒勒只兀、朵儿边、泰亦赤兀惕、翁吉剌惕均弃札木合来降。唯蔑儿乞酋脱黑脱阿、答亦儿兀孙与札木合遁去。是役也，获塔阳后母古儿别速，汗纳之。是秋，大军追蔑儿乞，与兀都亦惕酋脱黑脱阿别乞战于合剌答勒忽札兀剌，败之。脱黑脱阿回窜撒阿里客额儿，我军尾随，掠其部曲。脱黑脱阿与其子忽秃赤剌温等挟亲信数人奔不亦鲁黑罕兀洼思。答亦儿兀孙献女忽阑以降。

初败脱黑脱阿时，获其子忽秃之妻秃该、朵列格捏，汗以赐斡歌歹。兀都亦惕降人叛去者半，据台合勒豁儿合。汗命锁儿罕失剌之子沈白率右手军往攻之，自将西追脱黑脱阿，至金山前驻冬。

岁乙丑春，大军逾金山，入于兀鲁黑塔黑之地。时乃蛮古出古敦不亦鲁黑罕飞猎湏豁黑兀孙上，兵至，出不意擒之。乃蛮北部亡。于是古出鲁克无所依，与脱黑脱阿西窜。我军逾阿来岭追之，及诸额儿的失不黑都儿麻之源，与战，败之。脱黑脱阿中流矢死，其子忽秃、赤剌温、马札儿、薛秃干不能归父全尸，割其首以去。

蔑儿乞、乃蛮二种士马争渡额儿的失水，溺死过半，余众分道散亡。汗亦还军金山。是时，沈白已攻下台合勒豁儿合，尽取麦古丹、脱里孛斤、察浑诸种蔑儿乞，来献捷。

始答亦儿兀孙降时，自谓部众无马，不能从征。汗令散置其众于辎重后营，营百人以分其势。降者不自安，大军行后，劫略辎重以叛，为我留守军当时讨定，尽返所掠。答亦儿兀孙逃往薛凉格豁罗罕合剌温合卜察勒，筑寨以居。及是，主者白其事，汗怒曰："令彼聚处，则又反。"遂悉索蔑儿乞降人，分给诸有功者为奴，遣孛罗忽勒那颜与沈白以右手军追讨答亦儿兀孙，平之。

西夏纳我仇人你勒合桑昆。汗兴师致讨，围力吉里寨，数日拔而夷之。复下乞邻古撒城，经落思城，大掠人畜，所获畜产橐驼最多。

是岁，盗执札木合来献，谕降不可，赐死。

元年丙寅，冬十二月，汗大会诸部族于斡难沐涟之源，建九斿白旗，告天即位。群臣用晃豁坛人阔阔出之议，上尊号曰成吉思可汗。其文诰行汉地者，称成吉思皇帝。是岁，宋开禧二年也。于是谕开国有功之臣，策名各授以千户，若蒙力克额赤格、孛斡儿出、木合黎、豁儿赤、亦鲁该、主儿扯歹、忽难、忽必来、者勒蔑、秃格、迭该、脱栾、古儿、出勒格台、孛罗忽勒、失吉忽秃忽、古出、阔阔出、豁儿豁孙、许孙、忽亦勒答儿、失鲁孩、者台、塔孩、察合安豁阿、阿里黑、锁儿罕失剌、不鲁罕、合剌察儿、阔可搠思、速亦客秃、纳牙阿、冢率、古出古儿、巴剌斡罗纳儿台、答亦儿、木格、不只儿、蒙古兀儿、朵罗阿歹、孛坚、忽都思、马剌、者卜客、余鲁罕、阔阔、者别、兀都台、巴剌扯儿必、客帖、速别额台、蒙可合勒札、忽儿察

178

忽思、掌吉、巴歹、乞失里黑、客台、察兀儿孩、翁吉阑、脱欢、帖木儿、蔑格秃、合答安、抹罗合、朵里不合、亦都合歹、失剌忽勒、倒温、塔马赤、合兀阑、阿勒赤、脱卜撒合、统灰歹、脱不合、阿只乃、秃亦迭格儿、薛赤兀儿、者迭儿、斡剌儿驸马、轻吉牙歹、不合驸马、忽里勒、阿失黑驸马、合歹驸马、赤古驸马；阿勒赤驸马三千户，翁吉剌种；不秃驸马二千户，亦乞列思种；汪古惕之阿剌忽失的吉惕忽里驸马五千户，汪古惕种。槐因亦儿格^①外，蒙兀儿国之千户官，成吉思汗策名授予者八十八人，总成九十五千户，皆世袭。又置中、左、右三万户，以孛翰儿出为右手万户，木合黎左手万户，纳牙阿中军万户。命蒙力克额赤格隅坐论军国重事，失吉刊忽秃忽为古儿迭额札儿忽^②，豁儿赤兀孙额不格以万户兼别乞^③，与锁儿罕失剌、巴歹、乞失里黑、抄兀儿并赐"答剌罕"^④之号。于是增中军护卫为万人。命也克捏兀邻、也孙帖额、斡歌连扯儿必、不合、阿勒赤歹、朵歹扯儿必、多豁勒忽、察乃、阿忽台、阿儿孩合撒儿各领千人，分为四怯薛^⑤，就中以不合、阿勒赤歹、朵歹扯儿必、多豁勒忽四人为四怯薛长，分番八直，遂重申警卫之令。

初，金杀汗宗亲巴儿合黑及俺巴孩可汗，汗常思复仇，至是金降将等来，具言金主璟肆虐状，始会议伐之。然以客列亦、乃蛮、蔑儿乞诸部才灭，余孽在逃，漠北新附，反侧未安，南伐有内顾忧，未敢轻动也。乃先命忽必来征合儿鲁兀惕，者别追古出鲁克。

---

① 槐因亦儿格，意谓林中百姓，指斡亦剌惕、乞儿吉速惕。
② 古儿迭额札儿忽，蒙古语，意谓普上断事官，即大断事官。
③ 别乞，蒙古尊号，意谓部族之长。
④ 答剌罕，蒙古封号，意谓自由者、不受管辖者。
⑤ 怯薛，蒙古语，轮番戍卫之意，因用以指禁卫军。

是岁，<u>西夏</u><u>李安全</u>废其主纯佑而自立。

二年丁卯，夏，顿兵避暑。

秋，以<u>西夏</u>有贰心，不纳贡，再征之，克其<u>兀剌孩</u>城。是役之先，汗遣皇子<u>拙赤</u>率右手军征林木中百姓，前锋<u>不合</u>入<u>斡亦剌</u>，其部长<u>忽都合别乞</u>不战而降，即导我军征<u>秃绵斡亦剌惕</u>，入于<u>失黑失惕</u>之地。<u>拙赤</u>遂招降<u>秃绵斡亦剌惕</u>之<u>不里牙惕</u>、<u>巴儿忽</u>、<u>兀儿速惕</u>、<u>合卜合纳思</u>、<u>康合思</u>、<u>秃巴思</u>，即遣<u>按弹</u>、<u>不兀剌</u>二人使于<u>秃绵乞儿吉速惕</u>，其酋<u>也迪亦纳勒</u>、<u>阿勒迪额儿</u>、<u>斡列别克</u>的<u>斤</u>望风款附，以白鹘、白骟马、黑貂为献。<u>拙赤</u>复招下<u>失必儿</u>、<u>客思的音</u>、<u>巴亦惕</u>、<u>秃合思</u>、<u>帖良古惕</u>、<u>脱额列思</u>、<u>塔思</u>、<u>巴只吉惕</u>等处林木中百姓。师还，<u>拙赤</u>率所降<u>乞儿吉速惕</u>万户、千户之官人，及林木中百姓之官人来觐，即以其所献白鹘、白骟马、黑貂为挚。汗嘉<u>斡亦剌惕</u>酋<u>忽都合别乞</u>迎降在先，因并致同种来，命其子<u>亦纳勒赤</u>尚皇女<u>扯扯亦干</u>，复以<u>拙赤</u>之女<u>豁罗罕</u>妻<u>亦纳勒赤</u>之兄<u>脱列勒赤</u>。

三年戊辰，春，班师至自<u>西夏</u>。

夏，避暑龙庭。

冬十一月丙辰，<u>金主璟</u>殂，<u>卫王允济</u>立。

是岁，<u>乃蛮</u>种<u>古出鲁克</u>经<u>畏兀</u>种<u>合儿鲁兀惕</u>奔<u>西辽</u>，<u>者别</u>追之，不及而还。<u>蔑儿乞</u>种<u>忽秃</u>等与<u>畏兀儿</u>种<u>亦都兀惕</u>战于交河，败走。

四年己巳，春，<u>畏兀国亦都兀惕</u>杀<u>西辽</u>所置监国僧太师<u>少监</u>，遣使来纳款，且献<u>蔑儿乞</u>交河之捷。汗征其贡，<u>亦都兀惕</u>寻以方物进。

五年庚午，夏，汗避暑<u>客鲁涟</u>行宫。议自将伐<u>西夏</u>，即军中遣使告<u>畏兀儿</u>。秋，师入<u>河西</u>，<u>夏主李安全</u>命其世子<u>遵顼</u>率师来御，败之，获其副元帅<u>高令公</u>。克<u>兀剌孩</u>城，获其太傅<u>鲜卑讹答</u>。进至<u>克夷</u>

门，复败夏师，获其将嵬名令公。薄中兴府，引河水灌城，堤决，水外溃，遂撤围。遣所俘太傅讹答入中兴招谕，安全纳女察合以和，师还，遂议伐金。

初，汗贡岁币于金，金章宗使卫王允济受之浄州。汗见允济不为礼，允济归，欲请兵来伐，会章宗殂，允济嗣位，有诏至国，传言当拜受。汗问金使，新君为谁，金使曰："卫王也。"汗遽南向唾曰："我谓中原皇帝是天上人作，此等庸懦亦为之耶，何以拜为？"即上马北向驰去。金使还言。允济益怒，欲俟汗再入贡，就进场加害。汗知之，遂与金绝，严兵为备。是岁，始决策南征。

六年辛未，春，正月，汗在客鲁涟行宫。忽必来那颜招降合儿鲁兀惕，以其部主阿儿思阑汗来朝。同时，畏兀儿国亦都兀惕巴而术阿而忒的斤亦来。

二月，汗誓师伐金，先遣脱忽察儿以三千骑逻察西边新附地。

三月，汗亲督师济客鲁涟沐涟，度漠而南，至汪古惕之地。前锋者别掠地而东。夏四月，克大水泺。

是夏，汗避暑汪古惕之地，休养士马，期以秋日进兵。阿剌忽失的吉惕忽里率众来会，为我军向导。先是金将纳合买住守北鄙，知蒙兀并吞漠北诸部，势且南牧，奔告金章宗，章宗责其擅生边衅，囚之。及我师略云内、东胜，破大水泺以进，卫绍王恐，始释买住，遣西北路招讨使粘合合打来议合，不许，金廷乃命平章独吉千家奴、参政完颜胡沙行省事于宣德，出屯抚州，筑乌沙堡。秋七月，者别攻拔之，并破乌月营。千家奴、胡沙弃抚州，退屯宣平。我军遂取昌、桓、抚三州。至威宁，金防城千户刘伯林及夹谷长哥降。

八月，金遣西京留守行枢密院纥石烈胡沙虎主军，尚书左丞完颜兀奴为监军，定薛为前锋，宣德行省完颜胡沙为后继，合军三十万，设备野狐岭。有契丹军师巴古失、桑臣二人进谋于胡沙虎，曰："闻彼新破抚州，方纵兵大掠，马牧于野。若出不虞，轻骑掩之，可以获胜。"胡沙虎曰："此危道也。不若马步俱进，为计万全。"次晨兵进。汗闻警，军中方餐，投箸而起，以中、左二军迎敌獾儿觜。石抹明安临阵来降。左万户木合黎曰："彼众我寡，勿致死，不克也。"率敢死士策马挺枪陷阵，汗挥中军继之。金之女真、契丹、汉军一时大溃，伏尸遍野。乘胜追完颜胡沙至宣平之浍河堡，一战覆其军。金之良将精兵大半尽于是役。时耶律秃花别将追败胡沙虎于定安之北，胡沙虎取飞狐道遁入紫荆口。我军遂拔宣德，夷其城。闰九月，进克德兴。命者别、古亦古捏克把阿秃儿前锋，突攻居庸。金人守御严，二将伴退，诱敌去关来逐，至鸡鸣山觜，者别回战，大败之。乘胜遂取居庸。汗入关，驻跸龙虎台。

九月丙午，者别前锋进薄中都，金卫卒殊死战，乃引退。

是时，皇子拙赤、察阿歹、斡歌歹分将右手军，破云内、东胜、圭、浄、宁远诸州，释西京不攻，南徇武、朔、忻、代诸州，下之。

是秋，乃蛮遗种古出鲁克袭执合剌契丹古儿汗直鲁古，而篡其位，西辽亡。耶律阿海袭金云内群牧监。冬十月，以其使雍古黬公驱牧马来降，谒汗行在所。

十一月，中、左二军徇下弘州、妫川、缙山、昌平、密云、圭、润、抚、宁，东过平、滦，南至清、沧，由临潢渡辽，所至望风款附。然是时蒙兀志在房掠，得城旋弃，大军既去，往往复为金守。

十二月甲申，者别袭取东京，大掠之以还。

是岁，夏主李安全禅位于族子遵顼，未几，安全薨。

182

七年壬申，春正月，契丹遗人耶律留哥聚众于隆安，自号都元帅。阿勒赤那颜招降之，遣使来朝。

秋，汗自将围西京。金元帅左监军奥屯襄率师来援，遣兵诱至密谷口，逆击之，尽殪，襄仅以身免。复攻西京，汗中流矢，遂解围。

九月，攻德兴不克，引退。令皇子拖雷、驸马赤古率师再往。赤古先登，毁其楼橹，拔之，并克境内诸堡。既而，金人复收之。

八年癸酉，春三月，耶律留哥自立为辽王，建元元统，都广宁。

秋七月，汗自将复破德兴。八月，进至妫川，及金行省完颜纲、镇州权元帅右都监术虎高琪战，败之，追至北口。时金复严守居庸，锢铁为门，布蒺藜百里，守以精锐，兵至不得入。是月癸巳，金胡沙虎弑其主允济。九月甲辰，迎昇王珣立之。

闰九月，汗用阿剌浅策，令客台、薄察二将顿兵居庸北口外，与金人相持，自率者别一军西行，潜取飞狐道，南入紫荆口。金主闻之，亟遣术虎高琪将兵拒隘。比至，我军已度隘及平地，败金师于五回岭，遂拔易州。者别轻骑疾驰，背攻居庸南口，出不意破之，杀人如莽。同时，契丹讹鲁不儿等亦献北口降。于是者别自南口鼓行而北，与客台、薄察军合，遂取居庸。

汗命诸部简五千骑，以客台、哈台二将领之，守中都往来通路，自引兵攻涿州。

冬十月辛丑，使阿剌浅入中都谕降。

辛亥，师及金术虎高琪战于中都城北，一日再败之。涿州下，分军为三：皇子拙赤、察阿歹、斡歌歹将右手军，循太行而南，取保、遂、安肃、中山、威、邢、洺、磁、彰德、卫、怀、孟，抵黄河，折而北，绕太行山右，略泽、潞、辽、沁、平阳、太原、吉、隰，拔汾、石、岢岚、忻、代、武等府州；皇弟合撒儿同主儿扯歹、阿勒赤那颜、脱栾扯儿必三人将左手军，遵海而东，取蓟、平、滦、辽西诸州；汗与拖雷由中路，取雄、霸、莫、安、观、河间、沧、景、献、深、祈、蠡、冀、恩、濮、开、滑、博、济、泰安、济南、滨、棣、益都、淄、潍、登、莱、沂，释东平、大名不攻，余皆望风款附。遂下令三道军还，合屯大口。

先是，遣木合黎攻取密州，还次霸。史天倪、石抹孛迭儿率众降，承制以天倪为万户，孛迭儿千户。及汗至中都，木合黎亦来会。

是岁，山东、河北诸府州尽拔，唯中都、通、顺、真定、清、沃、大名、东平、徐、邳、海十一城不下，河东州县亦多残破。

九年甲戌，春正月辛未，师徇彰德。乙酉，徇益都。乙未，徇怀、金、沁，南军节度使宋宸死之。

时汗驻跸大口，闻金廷议乞和，止攻以待。诸将请乘胜破中都，汗不许，欲留孤城予敌，俾力守以自困也。

二月壬子，使阿剌浅入中都。壬戌，再使谓金主曰："汝山东、河北诸府州尽为我有，汝所守唯中都耳。天既弱汝，我又迫汝于险，天其谓我何！我今北还，汝不能犒师以弭我诸将之怒耶？"金主命百官集尚书省议和战之策。平章术虎高琪曰："闻彼士马疲敝，可乘此决一死战。"都元帅完颜承晖曰："我军仓卒杂募，身虽在都，家属散居各路，其心向背不可知。战而败，各鸟兽散；即幸而胜敌，亦各思归就其妻子，谁与我守？祖宗社稷之计，岂可为此孤注？当熟思之。莫若遣使议和，须彼军还，再图后举。"金主然之。三月辛未，使承晖来军前乞和亲，许之。仍使阿剌浅入中都议和款。

庚寅，金人奉卫绍王女岐国公主来归，是为公主可敦。所媵童男女五百人，马三千匹，金帛称是。

壬辰，右军克岚州。

庚子，和议成，退军。承晖送汗出居庸关，至抚州南獾儿觜而还。

夏五月壬午，金主迁汴，命其右丞相承晖、左副元帅抹撚尽忠辅太子守忠留守中都。金主行次涿州，虑契丹军从驾至良乡者于后生变，令缴原给铠马还营。众哗，杀其本纠详稳①以叛，推斫答、比涉儿、札剌儿为帅，回趋中都。承晖闻变，发兵扼守卢沟桥，勿使北渡。斫答遣裨将塔塔儿率千骑自上游潜涉，背击守桥兵，大破之，尽夺其铠杖，并掠近郊牧马，驱逐守吏。以中都有备，不能入，遣使来降，亦使通好于耶律留哥。

六月，汗避暑鱼儿泺，闻金主之南迁也，怒曰："既和而又迁都，是有疑心，而特以和议款我耳。"使阿剌浅往诘责之。

秋七月，金太子守忠弃中都奔汴。

汗既怒金人无故迁都，将南伐，适契丹众将来归，即命撒勒只兀惕撒木合把阿秃儿以契丹将石抹明安、耶律阿海、秃花兄弟为前锋，引我军与斫答等并力围中都。

冬十月，木合黎征辽西。丁酉，徇顺州以往，次高州，卢琮、金朴降。丙辰，下成州。金锦州兵马都提控张鲸杀其节度使，自称临海王，遣使来附。

十二月乙卯，木合黎徇下懿州，金节度使高闾山死之。

是岁，始置行尚书省于宣平，以撒木合把阿秃儿领之，统山后降民。汗驻跸迭蔑可儿，定东道诸王勋戚农土。

---

① 详稳，金代纠军官名，主要负责守戍边堡等事务。

十年乙亥，春正月，木合黎攻北京，败其留守奥屯襄，遂围之。契丹军斩关来降。乙亥，北京宣差提控完颜习烈杀襄，自为监军。丁丑，金右副元帅蒲察七斤以通州降，仍其官。金辽东宣抚使蒲鲜万奴败耶律留哥，取咸平，遂据东京，自称天王，国号大真，改元天泰。既而为留哥所败。

二月辛卯，阿剌浅奉使至汗。

金北京守兵杀完颜习烈，推乌古伦寅答虎为元帅，以城降，即以寅答虎为留守，吾也而权兵马都元帅镇之。

兴中吏民杀其同知兀里卜，推土豪石天应为元帅，举城来降，即以天应为兴中尹。

三月，金遣御史中丞李英收河间、清、沧义军，自清州督饷援中都，至大名与元帅右监军完颜永锡、左督监乌古伦庆寿合。时永锡、庆寿奉命将河北及西南路步骑二万九千人，分道防送北上，人负粮三斗，英、庆寿亦自负以励众。汗闻，遣右副元帅神撒将四百骑、石抹明安五百骑，先后往邀，遇英于霸、永清之间。时英被酒，军无纪律，为我军所败，其众溺死无算，遂执英，并获其粮车千乘。亦败庆寿于涿州北旋风寨。两路军无一达者，由是中都益困。

夏四月，克清、顺二州。

诏木合黎遣张鲸总北京十提控兵从脱栾扯儿必南征。鲸中道托病不进，监军石抹也先执送行在，诛之。鲸弟致遂据锦州以叛，僭国号曰瀛，自称汉兴皇帝，建元兴隆，大掠平、滦、瑞、利、懿、广宁诸州府。

中都粮尽，人相食。五月庚申，金留守右丞相完颜承晖仰药死，都元帅抹撚尽忠弃城走，石抹明安入据之，使来献捷。时汗驻跸凉陉，遣忽秃忽那颜、翁古儿保兀儿臣、阿儿孩合撒儿来借帑藏。

置燕京路总管大兴府。

是时中都以南城邑皆降，唯金将张甫、张进、移剌众家奴、杨寿等据守信安不下。

六月，汗避暑鱼儿泺，分兵三道伐金，命撒勒只兀惕种撒木合把阿秃儿率蒙兀军万骑取西道，由唐兀惕入关中；晃豁坛种脱栾扯儿必率蒙兀、契丹、汉军取中道，向真定；授史天倪右副元帅，佩金虎符，率汉军取东道，向平州。

秋七月，锦州红罗山寨主杜秀降，以秀为锦州节度使。

遣阿剌浅使汴，谕金主以河北、山东未下诸城来献及去帝号为河南王，不从。

八月，史天倪取平州，金经略使乞住降。

木合黎遣史进道等攻广宁，降之。脱栾扯儿必降真定，破大名，至东平，阻水不克，掠地而还。

是秋，汗还客鲁涟沐涟行宫。

冬十一月，耶律留哥来朝，以其子薛阇入侍。

史天祥克兴州，擒金节度使赵守玉。

是月，师取彰德，金知府事陀满斜烈死之。

十二月，徇大名。

是岁，取城邑八百六十二，既而金人往往复收之。

十一年丙子，春正月，汗在客鲁涟沐涟行宫，命将西征秃马敦等部。先是，乞儿吉思酋也迪亦纳勒等，及秃马敦酋歹都忽勒莎豁皆已降附。既而，蔑儿乞遗种忽秃等闻汗倾国南伐，漠北空虚，潜身东还，至乃蛮界外，招集流亡，欲图再举。时乃蛮古出鲁克已盗据西辽，亦思恢复旧业，互相煽结，同谋蒙兀。会蒙兀万户豁儿赤兀孙管领额儿的失水林木中百姓，征美女三十于秃马敦。秃马敦不堪其扰，执兀孙以叛。汗以斡亦剌惕忽都合别乞知林木中百姓动静，使就近招谕，又为所执。乃命中军万户纳牙阿征之，病不果行。改命孛罗忽勒那颜往，孛罗忽勒深入无继，遇敌被杀。汗闻之，虑漠北根本之地为众怨所动摇，乃以去年秋还客鲁涟沐涟。至是会诸将议亲征。孛斡儿出、木合黎谏止。遂命朵儿边种朵儿伯朵黑申讨秃马敦；同时赐速别额台铁车，使会前所遣脱忽察儿三千骑，穷追蔑儿乞遗种忽秃等；又使者别讨乃蛮遗种古出鲁克；而命皇子拙赤以所部右手军为三道军策应，三将并受节度，期以首夏草青启行。

张致陷兴中，命木合黎往讨之。

秋七月，木合黎进兵兴中，斩致兄子东平于神水，拔开义，遂围锦州。闰七月，贼将高益缚致出降。广宁刘琰、懿州田和尚亦送款，并伏诛，辽西平。

八月，遂渡辽，拔苏、复、澄三州，斩金盖州守将完颜众家奴。遣耶律留哥别将蒙兀军追契丹遗种乞奴、鸦儿等，其众九万余渡鸭绿江，窜入高丽。

丙子，撒木合把阿秃儿攻延安。

九月辛巳朔，攻坊州，并不克。

冬十月，蒲鲜万奴降，以其子帖哥入侍。既而杀我辽东行省左丞耶律捏儿哥叛去，率众十余万遁入海岛，其后转入女真故地，自称东夏国。

撒木合把阿秃儿攻潼关不克，自禁坑绕出关，成兵溃，金西安节度使泥庞古蒲鲁虎战死，遂取潼关。徇嵩山小道趋汝州，遇山涧，辄以铁枪连锁为梁过军。金将完颜仲元以花帽军蹑之，不能及。蒙兀军直抵汴京杏花营，大略河南。十一月，军还，过陕州，至三门集津，适河冰合，践之北渡。十二月癸亥，攻平阳，金河东南路行省胥鼎遣兵拒战，我军不利，去之。过西京，金守将出城迎降。

十有二年丁丑，春，朵儿伯朵黑申平秃马敦。

是役之先，征兵乞儿吉思不应，偕诸部叛去。拙赤仍以不合为前锋追讨之，至叶密立河，回军东北，履谦河冰顺下，尽招下兀儿速惕、合卜合纳思、帖良兀、客失的迷、斡亦剌亦儿格之已降复叛者。汗分其降虏于子弟。

是时，速别额台大败蔑儿乞于垂河，歼其众。者别一军亦至垂河南，撒儿塔兀勒种民所在杀乃蛮监卒响应，葱岭以北西辽属城不战而下。

夏，盗祁和尚据北京，史天祥讨平之，遂擒金将巢元帅以献。

嵬名察罕败金监军夹谷于霸州，取和而退。

秋八月，诏以木合黎为太师、都行省，封国王，赐金印，建九旒白旄，承制得专封拜，经略中原。汪古部将镇国万骑，豁罗剌思部将薛赤兀儿千骑，兀鲁兀部将客台四千骑，忙忽部将蒙可合勒札千骑，翁吉剌部将阿勒赤那颜三千骑，亦乞列部将不秃驸马二千骑，札剌亦儿部将带孙郡王二千骑，暨撒勒只兀惕种吾也而所将北京女真、契丹、汉军，耶律秃花所将山后汉军，札剌儿所将契丹军，凡十提控，并受节度。时汗闻撒儿塔兀勒种花剌子模国兀都剌儿城酋杀蒙兀商人兀忽纳等百人，而夺之货，故悉以金事付木合黎，而自谋西域之事。

九月，木合黎分军入河东，自将徇河北，拔遂城、蠡州。冬十月，克大名，遂入山东。十二月庚戌，平益都，东路诸州大半下。

是岁，汗征西夏兵从征撒儿塔兀勒，不应，遂伐西夏。

十有三年戊寅，春正月，围中兴府。夏主李遵顼命其子德旺居守，出走西凉，师还。

夏六月，木合黎大集兵应州南飞狐口。

秋八月，出紫荆关，与金行元帅事张柔战于狼牙岭，获之。柔降，复其职。遂自帅步骑数万，道西京，逾太和岭，徇河东，克太原、平阳及忻、代、泽、潞、汾、霍等州。张柔亦攻下雄、易、安、保诸州，驻军满城。金将武仙来袭，击却之。

契丹遗种喊舍等保高丽江东城。

十二月，命哈真为元帅，札剌亦儿台豁儿赤副之，率蒙兀军，会耶律留哥契丹军、东夏国元帅完颜子渊女真军，凡十万人讨之。

是岁，者别南逾葱岭，追古出鲁克，及诸撒里黑昆，擒斩之，令降将曷思麦里传其首。徇下乞思合儿、兀里羌、兀丹，于是葱岭以东、天山以南西辽属地亦平。

宋连水忠义军统辖石珪来降，后以为济、兖、单三州兵马总管。

十有四年己卯，春，张柔败武仙，降祁阳、曲阳、中山等城。

是春，哈真、札剌亦儿台等会高丽将赵冲、金就砺平契丹。喊舍自经死，王曒降，请岁贡方物。哈真还。

夏四月，汗亲征撒儿塔兀勒，分命公主阿剌合别乞、皇弟斡惕赤斤国王为漠南北监国，以夫人忽阑从行。

五月，行在乃蛮故地。遣刘仲禄持金虎符征道士邱处机于莱州。

避暑额儿的失水，遣使花剌子模国，告以兴师问罪之意。

六月，进兵合儿鲁兀惕，酋阿儿思阑、畏兀儿国主亦都兀惕巴而术阿而的斤、阿力麻里酋雪格那克的斤各率所部从征，众号六十万。

师及昔浑河，缘道无御者。

是月，金人复取太原。

秋八月，木合黎遣石抹孛迭儿等自大同出朔州，下武州，并克岢岚、石隰。

九月，汗以大军薄兀都剌儿城，分兵四道：皇子察阿歹、斡歌歹以一军留攻；皇子拙赤一军西北行攻毡的、养吉干、阿剌黑、速亦客秃；塔孩一军五千人，东南行攻别纳客惕、忽毡等城；汗与拖雷取中道，迳渡昔浑河，西南直指不合儿，断花剌子模之薛米思坚、兀笼格赤新旧两都交通之路。

冬十一月戊午，木合黎屠晋安府，金行元帅府事粘割贞死之。

十有五年庚辰，春三月，汗克不合儿。是时，察阿歹、斡歌歹攻拔兀都剌儿，擒其酋哈只儿只兰秃，槛送行在诛之。而拙赤先已攻下八儿真、毡的、养吉干等城。阿剌黑、速亦客秃、塔孩三将亦下忽毡等城，昔浑河两岸城堡略平。

夏五月，汗至薛米思坚，拙赤等三道兵亦至，同傅城下，攻五日，外城降；又一日，内堡亦破。命太师国公耶律阿海监守。时花剌子模国主阿剌哀丁谟罕默德先大军未至，弃城遁去，汗遣者别、速别额台、脱忽察儿各率万骑，先后渡阿梅沐涟穷追之。

是夏，汗避暑渴石。

秋七月，拙赤、察阿歹、斡歌歹以右手军往攻兀笼格赤城。

东平严实籍彰德、大名、磁、洺、恩、博、滑、浚等府州户三十万来归，木合黎承制授实金紫光禄大夫、行尚书省事。

八月，木合黎徇地至真定，金恒山公武仙降。以史天倪为河北西路兵马都元帅、行府事，仙副之；以董俊为龙虎卫上将军、右副都元帅，驻藁城。

是秋，汗率拖雷去渴石，向那黑沙不，缘道游牧过铁门关，分兵命拖雷西入呼罗珊，为者别、速别额台后援，自将大军攻忒耳迷，十日破之。

冬十月，木合黎徇地至滏阳，金邢州刺史武贵降。

木合黎遣蒙古不花分兵西略卫、怀、孟，自率大军东向济南。时金经略使乌古伦石虎以马步军二十万屯黄陵冈，遣步军二万袭济南。木合黎以轻骑五百击走之，遂率大军西薄黄陵冈，与石虎战，大败之。

十一月，木合黎围东平不克，以严实权山东行省，留梭鲁忽秃领蒙兀军三千与实屯守之，自引军趋洺，分兵徇河北诸州之未下者。

汗既破忒耳迷，分兵收巴惕客薛，且攻且抚，阿梅沐涟北悉平。

拖雷既渡阿梅沐涟，屠纳商。前锋脱忽察儿大掠亦薛不儿，分兵下徒思属堡、马鲁察叶可，暨马鲁、昔剌思等城。阿剌哀丁谟罕默德窜入宽田吉思海岛，者别、速别额台追之，不及而还。

十二月，阿剌哀丁以忧卒，其子札剌勒哀丁忙果必而体藁葬其父岛上，嗣为莎儿坛，与其弟鄂思剌克沙引兵登陆，向兀笼格赤。

十有六年辛巳，春，汗渡阿梅沐涟，降巴里黑，遂进攻塔里寒山寨，不下。时拖雷已下安笃恢、亦薛不儿，分兵残徒思。夏四月，攻拔出黑扯连，请进兵昔思田。汗以隆暑将至，宜且北还，命将往攻，遂由苦喝以斯单引退，大掠所过木剌夷山堡，渡捌捌阑河，攻拔亦鲁城。

五月，金东平行省事蒙古纲弃城遁，严实入守之。自金南迁，以大河为固，大河又恃东平为藩篱。蒙兀前此攻下城邑，辄委而去之，

192

未尝置戍，不久旋为金守，故连年攻战不息。至是既取东平，木合黎惩前失，命实与石珪中分其城，安抚南北州郡，于是金人不能复守山东。

石天应拔洺州。

宋使苟梦玉来聘，约合攻金，遣使报之。

是月，拖雷朝汗行在所，汗与合攻塔里寒山寨，拔之。

时拙赤、察阿歹、斡歌歹亦拔兀笼格赤，分其民。

六月，汗避暑塔里寒。察阿歹、斡歌歹自兀笼格赤来朝，唯拙赤不至，仍驻师两河间。

秋七月，金使礼部侍郎乌古孙仲端奉国书来请和，谒汗行在所，书词称汗为兄。汗曰："我昔谕汝主授我河朔地，去帝号为河南王，彼此罢兵，汝主不从。今木合黎已尽取之，乃始来请耶？"仲端哀祈。汗曰："念汝远来，河朔既为我有，关西数城未下者，其割付我，仍令汝主为河南王，勿复违也。"仲端乃归。

汗闻札剌勒哀丁窜据哥疾宁，率三子自塔里寒南追之，道克凯而徙俺。八月，逾欣都思山，至巴某，以是城当道，留攻之。

时汗严守古耳只斯单、札布勒、可不里诸要隘，分兵三万，命失吉刊忽秃忽率四裨将，东南往可不里山中，阻札剌勒哀丁旁钞之兵。行至巴鲁安客额儿，札剌勒哀丁自哥疾宁率兵六七万骑来迎战，失吉刊忽秃忽大为所败。札剌勒哀丁虽获胜，度蒙兀大军必继至，不敌，仍退军哥疾宁，谋渡申沐涟。

九月，汗克巴某，皇孙木阿秃干伤矢而卒，汗怒，屠其城，畜类无遗，毁为平地。及失吉刊忽秃忽败问至，汗疾引全军南追，行速不及炊，军中啖生米。至哥疾宁，知札剌勒哀丁先十五日已去，乃命忽鲁木石人牙剌洼赤监治其城，仍引军疾追。冬十月，及诸申沐涟，时札剌勒哀丁已尽投辎重于水，具舟河干，期明日渡。我军即夕进薄，比晓围之。汗欲生致札剌勒哀丁，下令军中毋发矢，遣乌克儿合勒札、忽都思合勒潺二将扼敌右路，不使得近河岸。既而阿敏蔑力克率右翼兵渐退至河，二将猛攻之，阿敏败，欲遁费萨倭儿，而蒙兀军已截守要路，杀阿敏，覆其右翼。未几，左翼亦败。札剌勒哀丁躬率中军搏战，自辰至午，麾下死伤才余七百人，左右驰突，诸军以奉令不发矢，卒被溃围而出，弃盾执麾下盖，自数丈之悬崖策马跃入申沐涟，凫水而逸。汗遥望见之，啮指顾谓诸子曰："真赛因把阿秃儿也！凡为人子者不当如是耶？吾自用兵以来，未尝见此健者。今阿剌哀丁虽死，是子不除，虑为后患。"诸将请亦泳水逐之，不许。既而竟遣巴剌那颜率兵追入欣都思，别遣朵儿伯朵黑申征欣都思、巴黑塔惕两种间之阿鲁、木剌夷、马塔撒里等种人之阿卜秃城。

是月，木合黎渡河取葭州，以石天应权陕西东路行台都元帅，守之。进克绥德。十一月壬寅，进攻延安，不克，别将下潼关、京兆。

是月，阿梅沐涟北土寇起，命察阿歹讨平之，修复桥梁。

十二月，木合黎徇洛川。闰十二月辛卯朔，下鄜州，遂降坊州。闻金人复取隰，以轩成为经略使，遂自丹州渡河围隰，克之，留秃别干按札儿领蒙兀军屯吉、隰间，以田雄权元帅府事。

是岁，诏谕德、顺州。

命斡帖格歹氏搠儿马罕征巴黑塔惕哈里发。者别、速别额台绕出宽田吉思海西，进讨迤北康里、乞卜察兀惕、巴只吉惕、斡鲁速惕、马札剌、阿速惕、撒速惕、薛儿客速惕、客失米儿、孛剌儿、客列勒十有一种族。

十有七年壬午，春，汗自将溯申沐涟西岸北上，搜讨札剌勒哀丁余党，命斡歌歹略申沐涟下游诸地，西残哥疾宁。

先是巴鲁安之败，亦鲁闻而复叛，命额勒只吉歹西讨，至是始拔而屠之。

是春，木合黎克泾、乾、邠、原等州。

夏四月，道士邱处机谒汗行在所。

汗闻巴里黑复叛，自将往讨，城民馈献迎降，伪许之，分置降民于诸军中，尽杀而火其居。遂避暑子母河之巴鲁安客额儿，以待巴剌，因讨近敌之未平者。既而巴剌与朵儿伯朵黑申自欣都思退军来会，斡歌歹亦至。

汗以西域略平，分置答鲁合臣①，留太师耶律阿海监治不合儿、薛米思坚、兀笼格赤、兀丹、乞思合儿、兀里羌、古先答里勒各城，命撒儿塔兀勒种人忽鲁木石氏牙剌洼赤之子马思忽惕同知其事，而以牙剌洼赤自从。

九月丙午朔，车驾渡阿梅沐涟，中途访道于邱处机，驻跸薛米思坚城东二十里。

冬十月丙子朔，下诏班师。辛丑，遂行。

是月，木合黎围青龙堡，金平阳公胡天作降。河中府来附，以石天应权河东南北路兼陕右关西行台都元帅镇守之。未几，下荣州之胡壁堡及临晋。

十一月丁未，徇下同州。

戊辰，蒙古不花攻凤翔不克。

十有二月，木合黎自以大军攻之，仍不克。

---

① 答鲁合臣，又称达鲁花赤，意谓掌印之官。

是月，行在忽毡河，察阿歹、斡歌歹自不合儿猎所来献获，拙赤称疾不至，唯驱兽向察赤，供汗行围。

是冬，宋京东总管李全逐其安抚使张林，入据益都。林来降，木合黎承制以林行沧、景、滨、棣等州都元帅府事。未几，林被全执送楚州。

是岁，者别、速别额台破乞卜察兀，平薛儿客速、阿速，履冰渡阿速海，略撒吉剌半岛。

十有八年癸未，春正月乙巳，金人袭取河中，都元帅石天应死之。

甲寅，车驾发忽毡河。

丁卯，按札儿复河中。

壬申，行在塔剌速沐涟。

二月庚辰，汗猎于察赤东山下，射一大豕，马蹄失御，豕旁立不敢前，左右进马，遂罢猎还行宫。

三月，太师国王木合黎薨。

夏四月癸酉朔，金人复取汾西。

五月丙午，金枢密副使完颜赛不复取河中及荣州。

乙卯，金权平阳公史咏复取霍州及洪洞。

是夏，乞卜察兀酋霍滩以斡鲁速援兵八万二千至，者别、速别额台与战于阿里吉河东铁儿山之地，大败之，杀斡鲁速列邦六王、七十侯，敌兵死者十八九，乞卜察兀平。捷书达行在，诏以马十万匹犒师。

冬十月，著古与使高丽，察其诚款。

十有二月庚寅，金主珣殂，子守绪立。

是岁，史天祥徇西夏，破贺兰山军。宋复使苟梦玉来聘。夏主李遵顼禅位于其子德旺，自称太上皇。

十有九年甲申，春二月，复遣著古与使高丽。

夏，汗避暑额儿的失水。宋大名总管彭义斌侵河北，史天倪与战于恩州，败之。

秋七月，嗣国王孛鲁伐西夏，克银州，命都元帅蒙古不花守其要隘而还。

八月丁酉，宋宁宗崩，无子，以荣王子昀嗣位，是为理宗。

九月，金枢密判官移剌蒲阿复取泽潞。

冬十有二月，高丽盗杀我使臣著古与，由是七岁绝信使。

是岁，诏皇子拙赤留镇乞卜察兀，余将班师。者别、速别额台归拙赤部兵，自率麾下平康里部东还。中道者别卒，速别额台独将掠叶密立霍只部而还，获马万匹以献。

二十年乙酉，春正月，行还土兀剌河黑林。自出师西域至此，凡七年。于是定四子分地，以合剌豁鲁木之山、斡难沐涟之源与拖雷，叶密立河濒之地与斡歌歹，昔浑河东之地与察阿歹，宽田吉思海以北及花剌子模之地与拙赤。

二月，武仙杀史天倪以真定叛。董俊判官李全亦以中山叛。

三月，史天泽击走仙，复真定。

六月，彭义斌以兵应仙，天泽御诸赞皇，擒斩之。

是夏避暑。

秋，汗亲征西夏，命察阿歹以本部兵留守漠北，斡歌歹、拖雷从行。时汗闻西夏与金约和，且追讨其不从征西域、不遣质子之罪也。

冬十月，武仙复袭据真定，史天泽奔藁城。

汗猎于阿儿不合之地，不豫，遂驻跸搠斡儿合惕，遣使诘责西夏。

是岁，皇子拙赤薨于乞卜察兀，命其次子巴秃嗣。

二十有一年丙戌，春正月，师入西夏。

二月，取黑水等城。西夏前主李遵项殂。

三月丙辰朔，郡王带孙攻李全于益都，遂围之。

夏，汗避暑浑垂山。命将取甘肃等州。

秋七月，夏主李德旺殂，从之晛立。

八月，金移剌蒲阿取曲沃及晋安。

是秋，师取西凉府及搠罗、河罗等县，遂逾沙陀至黄河九渡，取应理等县。史天泽夜袭真定，取之，武仙走西山抱犊砦。

冬十一月庚申，汗攻灵州城，夏主以嵬名令公为前锋，自中兴率五十营来援。

丙寅，汗践冰渡河迎击之，令军中矢毋虚发，大败夏师，夏主遁还中兴。是役也，蒙兀兵死者十一，唐兀兵死者十三。丙子，进逼中兴。丁丑，五星聚见于西南。驻跸盐州川。

十二月，授张柔行军千户、保州等处都元帅。

二十有二年丁亥，春正月，汗留别将攻中兴，自率师渡河攻金积石州。二月，破临洮。三月，破洮、河二州及西宁县。是月，斡陈那颜拔信都。

夏四月，汗次隆德，别将拔德、顺等州，金德顺节度使完颜爱申、摄府判马肩龙死之。是月，益都围急，李全降，嗣国王孛鲁承制以全为山东淮南行省。

五月，遣唐庆等使金。

198

闰五月，汗避暑六盘山。

六月戊申朔，金使前御史大夫完颜合周、宣徽使奥屯阿虎来，纳贿行成。汗谓群臣曰："朕自去冬五星聚时，已尝许不杀略，遽忘下诏耶。今可布告中外，令彼行人，亦知朕意。"时金所馈有一大珠，盛以盘，围小珠无数。汗呼近侍穿耳者自来领取，人人给之及续至求珠者众，乃掷诸地，观其争拾。珠多践踏陷泥中，其后尚有人捡获。

是月，夏主李睍请降，遣脱栾扯儿必往抚纳之。汗次清水县之西江。七月壬午，不豫，己丑殂于灵州。是岁，宋宝庆三年也。汗临殂顾命，曰："金精兵在潼关，南据连山，北阻大河，难以遽破。若假道于宋，宋金世仇，必能许我，则下兵唐邓，回捣大梁。金急，必征兵潼关，然以数万之众，千里赴援，人马疲惫，虽至勿能战，破之必矣。"后卒如其言。

先是丙戌春初，汗自搠斡儿合惕移跸汪吉答阑合惕黑，得恶梦，知死期将至。是时诸子在侧者唯也孙格阿合，因问斡歌歹、拖雷今安在，相离远否。也孙格谓去此仅二三里，即遣人召至。次晨，汗屏退诸将及从官，谓诸子曰："吾殆至寿终矣。我为汝等创此基业，无论东西南北，自此首往彼首，皆有一岁期程。我遗命无他，汝等欲能御敌，多得民人，必合众心为一心，方可长享国祚。我死后，汝等奉斡歌歹为主。"又曰："汝等可各归理事。我享此大名，死无所憾。我魂魄愿归故土。察阿歹虽不在侧，当不至背我遗命生乱也。且以身在敌境，夏主降而未至，谓我死勿令敌知。待合申主来杀之。"言讫而殂，在位二十二年，寿七十有一。

诸将秘不发丧。无何，夏主睍来朝，托汗有疾不能见，令于幄殿外行礼。越三日，脱栾扯儿必遵遗命杀之，并灭其族。西夏亡。于是诸皇子大臣奉大行梓宫还漠北，至撒阿里客额儿合里勒秃纳兀儿之行宫，乃发丧。四斡儿朵思同日举哀，远方闻赴奔丧者，三月而后毕集。葬于客鲁涟沐涟之侧起辇谷。

先是，汗尝出猎至此，见孤树嘉荫，盘桓其下，谓左右曰："我百岁后即葬此。"其后有人述汗前命，遂卜葬焉。日久，茂林蔽地，不辨陵在何树下，虽当日送葬者亦莫能识。拖雷汗、蒙格可汗、忽必烈可汗、阿里不哥皆附葬于此，他子孙则别葬。守陵千户，兀良合人。

至元三年冬十月，追尊谥曰圣武皇帝，庙号太祖。至大二年冬十一月庚辰，加谥法天启运圣武皇帝。

戊子年，皇子拖雷监国。夏，避暑斡儿洹。金使知开封府事完颜麻斤出来吊慰，且归大行可汗之赗。拖雷曰："汝主久不降使，先可汗老于兵间，吾岂能忘也？赗何为哉？"却之。

秋，拖雷遣使召诸王、公主、驸马、万千户之官，期以明年夏大会议立君。

八月，李全侵益都，严实、石珪击走之。

是岁，燕京盗起，行省咸得不不能禁，遣许兀慎塔察儿、耶律楚材驰传往穷治之，杀十有六人，盗风乃息。命雍古按竺迩自敦煌置驿抵玉门，以通西域。

论曰：旧史称成吉思汗深沉有大度，用兵如神，故能灭国四十，遂平西夏。信然。独惜军锋所至，屠刭生民如鹿豕，何其暴也。及至五星聚见东南，末命谆谆，始戒杀掠。岂所谓人之将死，其言也善欤？蒙兀一代并漠北四君数之，卜世十四，卜年蕲百六十。唐宋以降，享国历数，未有蹙于是者。于戏！可以观天道矣。

成吉思汗年表

乙亥年　1155年　出生　1岁

孛儿只斤·帖木真出生于漠北斡难河的迭里温孛勒答黑。母亲叫月伦额格，父亲叫孛儿只斤·也速该。帖木真所在部族为尼伦诸部中的孛儿只斤，他的父亲也速该为尼伦诸部之长。帖木真出生时，也速该正好战胜了塔塔儿，俘虏了它的两个首领，其中一人名叫帖木真兀格，帖木真的名字便来源于此。

丙子年　1156年　2岁

丁丑年　1157年　3岁

戊寅年　1158年　4岁

己卯年　1159年　5岁

庚辰年　1160年　6岁

辛巳年　1161年　7岁

壬午年　1162年　8岁

癸未年　1163年　9岁

甲申年　1164年　10岁

乙酉年　1165年　11岁

丙戌年　1166年　12岁

丁亥年　1167年　13岁

帖木真随父亲也速该到斡勒忽讷惕部弘吉剌部德薛禅家，与德薛禅的女儿弘吉剌·孛儿帖订婚，然后留在德薛禅家。也速该返回本部途中，被塔塔儿部人在食物中下毒，也速该中毒而死。也速该死后诸部离散。

戊子年　1168年　14岁

己丑年　1169年　15岁

庚寅年　1170年　16岁

辛卯年　1171年　17岁

壬辰年　1172年　18岁

癸巳年　1173年　19岁

甲午年　1174年　20岁

乙未年　1175年　21岁

丙申年　1176年　22岁

丁酉年　1177年　23岁

蔑儿乞部长脱黑脱阿掩袭帖木真，掳走了帖木真的妻子孛儿帖。帖木真向克烈部长王罕求援。王罕部出兵一万人，连同札只剌部长札木合发本部及帖木真父亲旧部兵，在斡难河会师后，然后进攻脱黑脱阿，救出了孛儿帖。回军路上，孛儿帖生下长子拙赤。此役后，帖木真随札木合同回豁儿豁纳黑主不儿。

戊戌年　1178年　24岁

帖木真与札木合共处一年半。其间，帖木真暗中劝说札木合部众归附自己，然后不告而别。之后，诸部渐渐归附帖木真。

己亥年　1179年　25岁

庚子年　1180年　26岁

辛丑年　1181年　27岁

壬寅年　1182年　28岁

癸卯年　1183年　29岁

甲辰年　1184年　30岁

乙巳年　1185年　31岁

丙午年　1186年　32岁

丁未年　1187年　33岁

戊申年　1188年　34岁

己酉年　1189年　35岁

帖木真被推举为汗，成为部众首领。这引起了札木合的不满。札木合纠合三万部众进击帖木真。帖木真也发诸部三万人，分成十三翼迎战。帖木真战败。但事后仍先后有部众归附帖木真，帖木真的势力进一步增强。

庚戌年　1190年　36岁

辛亥年　1191年　37岁

壬子年　1192年　38岁

癸丑年　1193年　39岁

甲寅年　1194年　40岁

帖木真与王罕协助金国打败了塔塔儿部，金国授帖木真札兀惕忽里称号，授王罕以王号。帖木真攻打主儿勤部，尽虏其部众，部族首领撒察别乞、泰出逃走，帖木真在主儿勤部营中得到了养子孛罗兀勒。

乙卯年　1195年　41岁

丙辰年　1196年　42岁

王罕部众被他的弟弟额儿客合剌暗中夺取，帖木真帮助王罕重新让部众归附。秋季，帖木真与王罕在秃剌河黑林相会，重申了父子之盟。

丁巳年　1197年　43岁

春季，帖木真与王罕联合攻打主儿勤部，斩杀了撒察别乞与泰出。

秋季，帖木真与王罕联合攻击蔑儿乞部，在薛灵哥河附近打败了它，帖木真将所获物资全部送给了王罕。

戊午年　1198年　44岁

王罕独自攻打蔑儿乞部，大败蔑儿乞。部长脱黑脱阿逃跑至巴儿忽真。王罕大获而归，却不把所得物资送给帖木真。

己未年　1199年　45岁

帖木真与王罕共击乃蛮部，在乞湿泐巴失海子将其打败，夺取了大量人畜，不亦鲁逃往谦谦州。

冬季，王罕、帖木真还师。途中，王罕受札木合挑唆，率先移师而去，帖木真于是退还撒里川。王罕的弟弟必勒格、札合敢不被乃蛮部袭击，被打败，回来告诉王罕，王罕只好向帖木真求援。帖木真派出"四杰"援救王罕，击退了乃蛮。

庚申年　1200年　46岁

春季，王罕与帖木真在撒里川会师，一起击败了泰亦赤兀部。

合塔斤、撒勒只兀二部与朵儿边、弘吉剌、塔塔儿等部相约合击帖木真。帖木真在捕鱼儿海子迎战诸部，击溃了它们。

是年，王罕的弟弟札合敢不密谋造反，事泄，王罕宽恕了他，然而札合敢不内心不自安，逃奔乃蛮部，投靠大阳罕。

辛酉年　1201年　47岁

春季，蔑儿乞部、泰亦赤兀部、塔塔儿部等合兵攻打帖木真，帖木真迎击，打败了它们。

　　弘吉剌、亦乞剌思、火鲁剌思、朵儿边、塔塔儿、合塔丘、撒勒只兀诸部在刊河会盟，共立札木合为古儿汗。会盟后，诸部进击帖木真与王罕。帖木真与王罕迎战，打败诸部。札木合遁走，弘吉剌部投降了帖木真，不久复叛而去。

壬戌年　1202年　48岁

　　春季，帖木真进击塔塔儿部，打败了其阿勒赤塔塔儿、察罕塔塔儿两部。在这次战役中，帖木真将叔叔答里台、从叔阿勒坛、从弟忽察儿违令所获之物分散给众人，三人不满，投奔了王罕，唆使王罕与帖木真失和。

　　蔑儿乞部长脱黑脱阿自巴儿忽真返回，进击帖木真，帖木真打败了他。

　　秋季，脱黑脱阿向乃蛮部的不亦鲁求援，不亦鲁于是纠合泰亦赤兀、朵儿边、塔塔儿、合塔斤、撒勒只兀、斡亦剌诸部，攻打王罕、帖木真。王罕、帖木真退入合剌温赤敦山中。诸部追踪王罕、帖木真，遇大风雪，至阔亦田纷纷溃散。之后，王罕、帖木真分军追击扎木合、泰亦赤兀部。札木合投降了王罕，帖木真击溃了泰亦赤兀部，泰亦赤兀部将领者别投降了帖木真。

　　帖木真与王罕在阿剌勒河畔会盟，两人越过金边墙，在合剌温赤敦山附近的阿勒赤阿晃火儿驻冬。帖木真请与王罕联姻，没有成功，两人关系开始破裂。

癸亥年　1203年　49岁

春季，王罕部掩袭帖木真，帖木真退至巴泐渚纳水。

秋季，帖木真在斡难河附近集兵，谋击王罕，他率军夜行，攻破了王罕军。王罕逃走，后来被乃蛮部杀死。王罕的儿子鲜昆先逃往西夏，后逃到西域，被合剌赤部杀死。帖木真于是吞并了克烈部，土地与乃蛮境地相接。王罕的弟弟札合敢不投降了帖木真，将两个女儿献给帖木真，帖木真娶了长女，后来又把她赐给了主儿扯歹；将次女赐给拖雷。

甲子年　1204年　50岁

春季，帖木真进兵讨伐乃蛮部，在半途顿兵驻夏。

秋季，帖木真继续进兵讨伐，与乃蛮部在杭海山交战，征服了乃蛮。大阳汗负伤而死。帖木真擒住了大阳汗傅塔塔统阿，蒙古开始用文字印章。打败乃蛮后，塔塔儿、朵儿边、合塔斤、撒勒只兀诸部皆投降了帖木真，大阳汗的儿子屈出律和蔑儿乞部长脱黑脱阿逃奔不亦鲁汗。蒙古军继续追击蔑儿乞部，蔑儿乞部也投降了。札只剌部捉拿了扎木合献给帖木真，该部投降了。至此，诸部或降或灭，尽归帖木真，帖木真统一了漠北诸部。

乙丑年　1205年　51岁

帖木真兴师讨伐西夏，大获而还，虏获了很多骆驼。

元太祖元年　1206年　52岁

帖木真在斡难河源头召开大会，即蒙古大汗位，号"成吉思汗"。帖木真即汗位后，大封功臣，并继续进击乃蛮余众，袭杀了不亦鲁汗，大阳汗子屈出律及蔑儿乞部长脱黑脱阿逃往额儿的失河。

元太祖二年　1207年　53岁

成吉思汗第二次征讨西夏，攻克了兀剌孩城。成吉思汗遣使者招降乞儿吉思、谦谦州两部。

元太祖三年　1208年　54岁

秋季，成吉思汗出征屈出律与脱黑脱阿，途中与斡亦剌部长忽秃合别乞相遇。忽秃合别乞不战而降，成吉思汗以之为向导，至额儿的失河，打败了蔑儿乞余部。脱黑脱阿中流矢而死，屈出律逃往西辽。

元太祖四年　1209年　55岁

成吉思汗第三次征讨西夏，攻其都城中兴府，西夏国主献女求和。

元太祖五年　1210年　56岁

夏季，成吉思汗遣使出使畏吾儿。畏吾儿国主亦都护亦派大臣朝见成吉思汗，并表达了愿意臣服成吉思汗的愿望。

元太祖六年　1211年　57岁

春季，成吉思汗三征西夏回到斡耳朵。畏吾儿亦都护奉宝来觐见。哈剌鲁、阿力麻里二部正式归服，两部长也同来朝见。

成吉思汗率领诸部从怯绿连河出征，大举南侵金国。大兵渡过大漠，进入金国国境，在野狐岭打败金兵，攻克大水泺。

秋季，蒙古兵攻占乌沙堡，进而占领桓州、抚州等地。成吉思汗先后在野狐岭、獾儿嘴、会河堡大败金兵。乘胜进兵，进而攻克宣德、德兴。

与此同时，长子拙赤、次子察合台、三子窝阔台率兵分取了云内、东胜、武、朔、丰、靖等州。

冬季，者别进攻东京，没有攻下，大肆劫掠了一番离开。

这一年（或1212年），屈出律篡夺了西辽国主之位。

元太祖七年　1212年　58岁

秋季，蒙古军队包围西京。

元太祖八年　1213年　59岁

秋季，成吉思汗复攻德兴，破城。遂进军怀来，西行出紫荆口，在居庸关大败金军，占领涿、易二州。然后分军三道：拙赤、察合台、窝阔台率领右军循太行向南，抵达黄河大掠而还；拙赤合撒儿等将左军，遵海而东，破沿海诸地而还；成吉思汗自与拖雷率军由中路攻略诸州，然后北还进攻中都。此时山东、河北诸府州几乎全被蒙古军攻陷，只剩下十一城，河东州县也多残破。

元太祖九年　1214年　60岁

春季，成吉思汗驻跸中都北郊。金主求和。成吉思汗同意，北撤出居庸关，走时将虏获的山东两河数十万少壮男女全都杀死。

5月，金主南迁汴梁。成吉思汗得知大怒。秋季，成吉思汗派撒勒只兀部人三木合拔都领契丹先锋将明安等合兵，再次进攻中都。

是年，锦州张鲸聚众十余万，杀其节度使，自立为王，不久投降了成吉思汗。

元太祖十年　1215年　61岁

5月，中都陷落。成吉思汗时在桓州，遣使慰劳明安等将领，然后搜罗中都财物北返。

6月，成吉思汗驻军鱼儿泺，遣三木合拔都自西夏趋京兆进攻潼关，未下；随后进攻汴京，也被金兵花帽军击败。

此时，金国大片地区为蒙古所有，金主遣使求和。蒙古以献河北、山东未下诸城及去帝号称臣为条件，金主不从。

是年，张鲸有反意，被捉拿送至成吉思汗处诛杀。

元太祖十一年　1216年　62岁

春季，成吉思汗在怯绿连行宫。

是年，张鲸弟张致愤其兄被杀，据锦州叛。木华黎率军讨伐，杀张致，平辽西。

元太祖十二年　1217年　63岁

成吉思汗驻秃剌河上，封木华黎为国王，命他征服太行山以南地区，并分赐给他的军队。

秋冬季，木华黎自中都南攻河北遂城等，皆下之。

是年，成吉思汗命孛罗忽勒讨伐秃马惕部，孛罗忽勒为秃马惕部人所杀，成吉思汗又命朵儿伯朵黑申前往讨平。

元太祖十三年　1218年　64岁

春季，成吉思汗命拙赤讨伐乞儿吉思部。拙赤涉谦河，讨平了乞儿吉思部，并征服了乞儿速惕、合卜合纳思、帖良兀惕、客失的迷、槐因亦儿坚等部。

是年，成吉思汗第四次进攻西夏，进围中兴府，夏主逃奔西凉。成吉思汗进而命者别进讨屈出律，将其斩杀。西辽灭亡。

同年，木华黎攻取河东诸州郡。

元太祖十四年　1219年　65岁

本年，成吉思汗亲征花剌子模。夏季，在途中额儿的石河停驻。

秋季，成吉思汗继续进军花剌子模。面对成吉思汗进军，摩诃末将军队分散部署在河中、花剌子模等各个城市中进行防守，自己则远离了战场。

成吉思汗命蒙古分四路大军，察合台、窝阔台等三军攻占昔浑河沿岸诸城。成吉思汗自与第四子拖雷为第四军，向不花剌进军。

本年，金国降将张柔兵败金将武仙，于是诸城望风降附，张柔遂威振河北。

高丽投降了蒙古。

元太祖十五年　1220年　66岁

3月，成吉思汗率军攻克不花剌，然后将城付之一炬，随后东进撒麻耳干。

4月，成吉思汗攻占撒麻耳干。摩诃末得知不花剌、撒麻耳干两城陷落，往西逃跑。4月28日，摩诃末到达你沙不儿。成吉思汗攻占撒麻耳干后，在撒麻耳干和那黑沙不两城之间驻兵度夏。

5月，者别、速不台二将进入呼罗珊地区，摩诃末弃你沙不儿，继续西逃。者别、速不台占领了巴里黑等城，并追踪摩诃末。

秋季，成吉思汗继续进军，攻克了阿母河北部的忒耳迷城。

是年，木华黎进军至满城，兵败武仙，武仙于是率领真定城投降了木华黎。木华黎下令在当地禁止剽掠，释放所俘老幼，军中因此变得秩序井然。

11月，木华黎进兵山东，金将严实以所部彰德等三府六州投降了木华黎。木华黎又在济南、黄陵冈击败金兵，然后围攻东平府，随后留下军队继续围攻，自己则率兵往北走。

12月（一说在1221年1月），摩诃末在里海的一个岛上去世。者别、速不台两军在伊剌黑阿者迷攻城略地，摧毁了忽木、哈马丹、赞章、可疾云等诸多城市，然后向北进攻阿哲儿拜占都城帖必力思，并进攻谷儿只。

元太祖十六年　1221年　67岁

春季，成吉思汗渡过阿母河，进入巴里黑城，焚城屠杀后离开。他派拙赤、察合台、窝阔台往玉龙杰赤追踪摩诃末的三个儿子札阑丁、斡思剌黑沙与阿黑沙。斡思剌黑沙和阿黑沙被蒙古军追上杀死，札阑丁逃往哥疾宁。

2月，者别、速不台大败谷儿只，随后南下返回帖必力思。

3月，拖雷攻占马鲁，在城内进行了屠杀。者别、速不台攻破了马剌合，随后进攻伊剌黑阿剌壁。

4月，拖雷攻克你沙不儿，摧毁了该城市。随后不久又攻克了也里，然后与成吉思汗在塔里寒会师。

经过七个月，窝阔台、察合台、拙赤攻陷了玉龙杰赤，将城内十万工匠迁往东方，然后在城内进行了大屠杀。

夏季，成吉思汗在塔里寒驻兵度夏。

秋季，成吉思汗率兵往哥疾宁追击札阑丁，途中摧毁了客儿端寨，翻越大雪山，攻陷了范延城。成吉思汗派将领失吉忽秃忽进攻札阑丁，两人在八鲁弯进行了激战，札阑丁打败了失吉忽秃忽。随后札阑丁军队解体，往申河方向逃去。成吉思汗占领了哥疾宁，然后追击札阑丁到申河，双方发生了激战。11月24日（一说12月9日），札阑丁成功突围，渡过申河，往印度底里逃去。成吉思汗继续命人渡过申河追踪札阑丁，未追上，蹂躏了印度边境后返回。

10月，者别、速不台北返，进攻阿儿兰地区。

是年，木华黎在东胜州渡过黄河，引兵西进，与西夏的五万军队会合后向东行军。

元太祖十七年　1222年　68岁

春季，成吉思汗率军沿申河西岸向上游行进。临走前，他命窝阔台摧毁了哥疾宁。与此同时，派宴只吉去平定也里的叛乱，宴只吉围困了该城六个月又十七天后重新将其占领。者别、速不台再次进入谷儿只，将谷儿只逼退放弃南部地区，然后向东进攻设里汪。

夏季，成吉思汗在巴鲁弯度夏，长春真人丘处机前来拜见。

11月，成吉思汗渡过阿母河回到撒麻耳干，他在这里召见了伊斯兰教教士，了解了伊斯兰教教义，但并未成为信徒。之后，成吉思汗率军继续东行。

是年，木华黎攻克了河中府等地，并命石天应镇守。

元太祖十八年　1223年　69岁

正月，木华黎攻凤翔府，未攻下，从河中府返回北方。

春季，成吉思汗抵达昔浑河，察合台的两个儿子前来与他会合。者别、速不台翻越太和岭，击败了钦察部。

3月，木华黎自河中率师北返，到解州闻喜县时因病去世。

5月，者别、速不台在迦勒迦河击败了斡罗思、钦察联军。随后进入斡罗思境内，蹂躏了斡罗思南部，并掠夺了可萨半岛。

年底，者别、速不台东归，沿途进攻了窝勒伽河和哈马河上游的不里阿耳部，然后取道撒速惕进攻康里部。最后与成吉思汗大军会合返程，结束了西征。

元太祖十九年　1224年　70岁

夏季，成吉思汗在亚历散德度夏，驻扎在山北的忽兰巴石野外。拙赤驱赶野兽供成吉思汗围猎，并献上了两万匹马。之后的时日，成吉思汗都在返回途中。其间，他的两个孙子忽必烈和旭烈兀来拜见他。

元太祖二十年　1225年　71岁

春季，成吉思汗返回秃剌河黑林的斡耳朵。

秋季，成吉思汗亲征西夏。

冬季，成吉思汗在阿儿不合狩猎时坠马受伤生病。之后，成吉思汗在搠斡儿合惕驻扎，并遣使谴责西夏，西夏主回应的态度傲慢。成吉思汗决定带病进击西夏。

元太祖二十一年　1226年　72岁

3月，成吉思汗在进军西夏途中预感自己死期将近，召集窝阔台、拖雷，遗命他死后窝阔台为主，并让察合台不要作乱。

夏季，成吉思汗在察速秃度夏。

秋季，成吉思汗渡过黄河。

12月，成吉思汗攻克灵州。西夏主从中兴府调五十万大军来抵抗蒙古军，被成吉思汗击溃。

元太祖二十二年　1227年　73岁

春季，成吉思汗留下军队攻打中兴府，自己率军进攻黄河南岸。

夏季，成吉思汗在六盘山驻扎，金国派遣使者求和，成吉思汗接受了金国赠送的礼物。

西夏国主在中兴府被围困日久，7月，乞求投降，成吉思汗同意了。

8月25日，成吉思汗在灵州去世，享年七十三岁。将领们按照他的遗嘱，秘不发丧，在西夏主来拜见他时杀死了西夏主。西夏灭亡。

将领奉成吉思汗灵柩返回蒙古，将他葬在他的家乡不儿罕合勒敦山。

元世祖至元三年 1266年

10月，元世祖为追加谥号为圣武皇帝，庙号太祖。

元武宗至大二年 1309年

11月，元武宗为其追加谥号为法天启运圣武皇帝。